中国青少年户外营地行业发展历程、现状及可持续策略

ZHONGGUO QINGSHAONIAN HUWAI YINGDI HANGYE
FAZHAN LICHENG、XIANZHUANG JI KECHIXU CELÜE

陈昆仑 赵佳明 牛 笛 张毅恒 著

中国地质大学出版社
ZHONGGUO DIZHI DAXUE CHUBANSHE

图书在版编目(CIP)数据

中国青少年户外营地行业发展历程、现状及可持续策略/陈昆仑等著.—武汉:中国地质大学出版社,2024.11. —ISBN 978-7-5625-6025-8

Ⅰ.G812

中国国家版本馆 CIP 数据核字第 2024DQ1456 号

中国青少年户外营地行业发展历程、现状及可持续策略	陈昆仑　赵佳明　牛笛　张毅恒　著

责任编辑:沈婷婷　洪梦茜	选题策划:洪梦茜	责任校对:宋巧娥
出版发行:中国地质大学出版社(武汉市洪山区鲁磨路388号)		邮编:430074
电　　话:(027)67883511	传　　真:(027)67883580	E-mail:cbb@cug.edu.cn
经　　销:全国新华书店		http://cugp.cug.edu.cn
开本:787mm×1092mm　1/16	字数:186千字	印张:7.25
版次:2024年11月第1版	印次:2024年11月第1次印刷	
印刷:广东虎彩云印刷有限公司		
ISBN 978-7-5625-6025-8		定价:78.00元

如有印装质量问题请与印刷厂联系调换

前　言

营地教育起源于美国，20 世纪初传入中国，至今已有超过百年的发展历程。营地教育在促进青少年的生理健康、心理健康、个性发展和社交能力等方面发挥着重要作用，已成为培养青少年综合素质的重要平台，并在全球范围内得到了广泛认可。随着我国经济社会的快速发展和素质教育理念的深入人心，越来越多的家长和学生开始寻求学校教育和家庭教育之外的新型教育模式。营地教育以其独特的体验式学习方法，将教育与娱乐相结合，特别注重青少年实践技能的培养，有效补充和扩展了传统教育的局限，因而受到了家长和学生的广泛欢迎。2004 年，我国首次提出了"青少年户外营地"的概念，并赋予其推动民族复兴、促进素质教育、发展社会经济、促进青少年全面发展的重要使命和社会价值。近年来，国家密集出台了一系列政策，旨在推动青少年户外营地教育行业的规范化、标准化和规模化发展，孵化的产品也逐渐向精细化、主题化、专业化发展，展现出"文旅＋营地""地产＋营地""体育＋营地"等多产业融合的发展态势。我国青少年户外营地行业正迎来前所未有的发展机遇。

随着国家对外开放程度的不断提升，家长们对教育的认识也在不断深化，他们开始更加注重培养孩子的综合能力。营地教育以其体验式学习方式，赢得了广泛的社会认可。在过去 40 余年里，我国经济的快速增长带动了家庭收入的稳步提升，家庭可支配收入逐年增加。随着消费升级，人们愈发重视对精神生活质量的追求和对教育的投资，教育支出已成为家庭消费的重要组成部分。新一代家长对素质教育的重视程度显著提高。目前，我国中小学在校生人数约为 1.1 亿人，青少年总人口超过 1.7 亿人。这一庞大的人口基数，加之对户外营地教育理念和形式的广泛接受度，为行业发展提供了坚实的基础。同时，营地教育也为旅游风景区和旅游地产行业带来了新的运营元素，与供给方的需求完美对接。预计在未来 5～10 年内，我国青少年户外营地教育市场的规模有望达到千亿级别。越来越多的青少年参与户外营地活动，这一新兴行业有望成为推动我国经济增长的新引擎。

当前，我国青少年营地教育行业正处于一个迅猛发展的黄金时期，国家层面的高频政策发布为这一行业提供了坚实的支持。2013—2023 年，我国政府部门共计发布了 35 项相关政策，涉及国务院、国家体育总局、教育部、国家旅游局、自然资源部、国家发展和改革委员会（简称发改委）、文化和旅游部等多个关键职能部门。这些政策的制定和实施，从宏观架构到具体任务的落实，体现了国家对青少年户外营地教育的全面关注和支持。政策发布主体的多元化，从最初的单一部门到如今的多部门联合协作，标志着政策制定的成熟和深化。国家各级职能部门在政策层面为青少年户外营地教育的发展提供了全方位的保障，这不仅反映了国家对教育事业的高度重视,也凸显了营地教育在推动国家教育进步、经济发展和社会全面进步中的关键作用。

2004—2014年,国家体育总局累计资助了121个国家级青少年户外体育营地,为青少年户外教育的发展奠定了坚实基础。2008年,教育部与财政部联合建设了150个大型青少年户外活动与教育实践基地,标志着我国青少年户外营地教育开始形成规模。2010年5月,国家体育总局青少年体育司(简称青少司)的成立,标志着对行业发展引导的加强。该机构不断出台相关管理制度,建立行业标准体系,为青少年户外营地的未来发展打下了坚实基础。2017年3月,中国登山协会青少年委员会的成立,进一步推动了青少年户外营地服务体系的构建,在国家体育总局青少年体育司和登山运动管理中心的指导下,发布了多项标准性文件,出版了相关丛书。2018年,"营动中国"品牌的成立引发了热烈反响。截至2023年10月16日,该品牌组织开展1000+场次"营动中国"活动,20余万名青少年参加。在国家体育总局青少年体育司与中国登山协会青少年委员会等部门的共同引领下,在政府政策支持和市场需求的双重驱动下,我国青少年户外营地教育正以高速、高质量的态势发展,规模日益扩大。如今,中国已成为世界上营地教育发展速度最快的国家之一。

在此背景下,本专著对我国青少年户外营地行业进行全面合理的调查与研究,对营地机构、产品、管理、客户群体、支撑保障系统等方面进行科学全面的调查与分析,科学客观地分析现阶段我国青少年户外营地发展中存在的问题,并提出合理有效的建议与解决方法。本专著出版的意义不仅在于帮助我国青少年户外营地教育行业维持健康和高速的发展势头,更在于为行业提供一个清晰的发展方向。

本专著的出版得到了中国登山协会和国家自然科学基金项目(42371259)的资助,特此鸣谢!同时,向前期为本专著编写工作提供帮助的丁祥华秘书长、牛小洪教授,以及陆媛媛、韩泽雨、陈岳峰、黄垚、何哲慰、陈恁宇、王露、聂银、徐杰忠、李影、李长龙、郑宇、纪海兰、张温柔等团队成员,一并致以谢意,感谢大家的辛勤付出!

笔 者
2024年7月

目　录

第一章　中国青少年户外营地概念、发展历程与政策演进 …………………………（1）
　第一节　中国青少年户外营地概念及内涵 ……………………………………（1）
　第二节　中国青少年户外营地发展历程 ………………………………………（3）
　第三节　中国青少年户外营地相关政策演进 …………………………………（5）

第二章　全国青少年户外营地机构现状 ……………………………………………（8）
　第一节　全国营地机构概况及特征 ……………………………………………（8）
　第二节　全国青少年营地机构概况及特征 ……………………………………（14）
　第三节　"营动中国"推广营地机构概况及特征 ………………………………（19）

第三章　全国青少年户外营地产品现状 ……………………………………………（23）
　第一节　供给视角下营地产品概况及特征 ……………………………………（23）
　第二节　需求视角下营地产品概况及特征 ……………………………………（29）
　第三节　第三方视角下营地产品概况及特征 …………………………………（31）

第四章　全国青少年户外营地管理现状 ……………………………………………（34）
　第一节　营地机构运营情况 ……………………………………………………（34）
　第二节　资金特征 ………………………………………………………………（38）
　第三节　员工特征 ………………………………………………………………（39）
　第四节　营地管理体系 …………………………………………………………（43）

第五章　全国青少年户外营地客户群体现状 ………………………………………（52）
　第一节　机构客户特征 …………………………………………………………（52）
　第二节　大众客户特征 …………………………………………………………（55）
　第三节　案例分析 ………………………………………………………………（62）

第六章　高校及机构人才培养支撑体系 ……………………………………………（72）
　第一节　高校的人才培养及支撑体系 …………………………………………（72）
　第二节　机构的培训体系及保障机制 …………………………………………（79）

第七章　青少年户外营地发展面临的问题与可持续策略 …………………………（83）
　　第一节　青少年户外营地发展面临的问题 …………………………………（83）
　　第二节　青少年户外营地发展的可持续策略 ………………………………（84）
参考文献 ……………………………………………………………………………（87）
附录 A　我国青少年户外营地行业相关政策文件汇总 ……………………………（91）
附录 B　调查问卷文字版 ……………………………………………………………（98）

第一章　中国青少年户外营地概念、发展历程与政策演进

第一节　中国青少年户外营地概念及内涵

青少年户外营地是专为青少年设计的活动场所,主要提供户外运动、自然探索、文化历史学习以及爱国主义教育等多元化课程与活动。这些营地配备了必要的设施和提供完善的服务,旨在为青少年提供一个全面发展的平台。

在我国,青少年户外营地教育与国家人才培养理念紧密结合,不仅弥补了学校体育教育的不足,还积极服务于社会大众体育的基础建设。它在塑造和传承青少年体育文化方面发挥了关键作用。通过野外生活和户外运动,营地教育促进了青少年身心的健康成长和人格的完善,锻炼了他们的心智和潜能。在团队生活中,青少年的团队精神、人际交往能力和社会责任感得到了提升。同时,营地教育通过寓教于乐的方式,培养了青少年的实践动手能力、创新意识和解决问题的能力。在大自然的课堂中,青少年学到了正确的自然观,理解了人与自然、人与人的关系,增强了对社会的适应力和生存能力。

营地教育起源于美国,拥有超过 150 年的发展历史,对青少年的身心成长具有深远的影响。虽然与欧美国家相比,中国的营地教育起步较晚,发展速度一度较慢,但近年来随着国民经济水平的提升和教育理念的转变,素质教育理念已深入人心。国家各职能部门和社会机构的持续关注,使得营地教育受到了空前的重视。自 2004 年"青少年户外营地"的概念首次被提出以来,我国的青少年户外营地教育开始朝着标准化、制度化的方向发展,并逐渐形成了一定的规模。随着政府政策的支持和资本的投入,青少年户外营地教育正在我国展现出其独特的社会价值。

一、助力中华民族伟大复兴,推进体育强国建设

当前,我国正处于实现中华民族伟大复兴的关键时期。国家的繁荣和民族的振兴,不仅依赖于科技的进步,更离不开对年轻一代的培养和教育。"少年兴则国家兴,少年强则国家强",体育不仅承载着国家强盛和民族振兴的梦想,也是人民健康幸福生活的重要组成部分。青少年体育作为体育强国文化的重要组成部分,是实现体育强国目标的关键保障。只有牢固

地建立以青少年体育为代表的群众体育基础,体育强国的宏伟蓝图才能实现枝繁叶茂的繁荣景象。青少年营地教育以其独特的活动内容、教育形式和文化氛围,为塑造青少年体育精神和孕育体育氛围提供了支持性的环境与条件,对我国体育文化的形成和发展起到了积极的推动作用。在党和国家的号召下,青少年营地教育已成为促进青少年健康和体育发展的重要手段,为我国蓬勃发展的体育产业注入了新的活力。在我国经济社会的全面发展和体育强国战略的深入推进下,青少年营地教育的迅猛发展已成为新时代我国青少年体育发展的必然趋势,它是体育强国建设中不可忽视的重要方面,对满足青少年健康发展需求、推动体育产业的发展具有重要意义。

二、全面提升素质教育,发挥以"体"育人功能

素质教育对青少年的成长与发展起着至关重要的作用,是塑造他们健全人格的核心教育内容。它不仅体现了马克思主义哲学对人全面发展的终极关怀,也是新时代中国特色社会主义建设思想的重要引领方面。体育教育在提升青少年体能的同时,也承载着德育与智育的使命,深刻体现了"无体则无德"的理念。1993年2月,中共中央、国务院印发的《中国教育改革和发展纲要》明确指出,中小学教育应从应试教育转向全面提高国民素质的轨道,全面提升学生德、智、体、美4个方面的素质。营地教育以其体验式、创新的教育特点,为青少年素质的全面提升提供了理想的途径。我国营地教育不仅引导青少年参与体育运动,补充学校体育教育,还协同体育产业的发展,成为塑造、承载和传承青少年体育精神的重要载体。它充分发挥了以"体"育人的功能,助力实现"立德树人"的教育目标。营地教育产业拥有丰富的课程体系,通过集体游戏、工作坊和团队协作等环节,鼓励青少年在"做中学",运用主动探究、动手协作和多感官体验来探索自我、挖掘潜能,并将所学知识运用到现实生活中。这种"计划—实施—分享"的启发性课程模式,有效提升了青少年的内在学习兴趣,达到了以"体"育人的目的。户外营地就像一所天然的学校,为青少年提供了认识和探索自我、培养各类素质、发展社会技能、塑造个性、促进人格健全的场所和机会。它能够切实提高青少年的整体综合素质水平,促进身心全面发展。户外营地教育在形式上是一种体验式教育。青少年通过参与营地教育课程,可以培养运动技能、合作意识、领导力、自我管理能力、社会责任感、沟通能力、逻辑思维能力以及自信乐观的品质。这些能力的提升,是从外在的运动技能到内在品格的过渡,是从"体"至"育"的进阶与升华。通过多样化的户外课程和游戏,营地教育潜移默化地影响青少年的身心发展,有效提高了我国青少年的体育教育水平,在提高体能、创造力、观察力及探索实践、解决问题等方面发挥了积极作用。

三、促进社会经济发展,辐射带动相关产业发展

中国正处在建设体育强国和健康中国的关键时期,营地教育产业的蓬勃发展,不仅满足了群众对多样化体验的需求,也为经济社会的发展注入了新动力。随着户外营地教育市场规模的逐年扩大,众多产业开始关注并投资于这一领域,预计未来5~10年,市场规模将突破千

亿元大关,展现出巨大的经济效益和社会效益。消费者对素质教育新模式的追求,推动了营地教育市场的转型升级,市场发展正从传统的参与型需求向更深层次的体验型需求转变,特别是营地教育与其他产业的深度融合。如冰雪产业,正在催生新的业态和增长点。营地教育产业的建设,依托优美的自然景色、完善的娱乐设施和体验式教育模式,充分利用当地特色的自然地理环境,打造具有独特魅力的自然景观。这不仅丰富了体验式教育的内容,也带动了周边相关产业的发展。社会和企业的资源与资金正大量涌入营地教育产业,教育、地产、旅行、新型户外运动等相关产业也呈现出增长态势。多产业融合的模式,通过各产业的协作和各板块的衔接合作,共同实现各方的诉求,创新产业业态和利润增长点,为营地教育的创新发展提供了新思路。这种融合不仅使各产业能够发挥各自的优势,还为产业的持续发展注入了新动力,赋予了营地教育及其相关产业新的活力。

四、端正青少年运动动机,促进青少年全面发展

"从体育中来,到生活中去"不仅是体育精神培养的手段,也是其价值释放的路径。在青少年营地教育中,教育类、体育类、科普类活动构成了课程体系的重要部分,它们是体育精神在青少年营地环境中渗透的核心体现。通过身体活动,青少年能够提升运动技能;在自然环境的挑战中,培养勇敢无畏的品质;在面对挫折和失败时,锻炼坚韧不拔的精神;在体育比赛中,增强规则意识;在自我超越的过程中,发展综合能力。营地教育通过具体的体育运动,实现了体育精神的客体化和形式化表达,这可以视为体育精神在青少年中的"软着陆"。营地教育的理想之处在于为每个孩子提供平等的条件和机会,鼓励他们积极参与体育活动,减少应试教育可能带来的负面影响,如过分强调考试分数和排名。营地教育为青少年提供了尝试和探索的机会,作为学校教育的重要组成部分,它以自然性、实践性和互动性的特点赢得了青少年的青睐,并在一定程度上纠正了体育运动的参与动机。与传统学校教育相比,户外营地教育提供了一种截然不同的学习方式,强调自主性和选择性,它不局限于知识文化的学习,更注重实际能力的提升。在体育强国建设的大背景下,营地教育产业抓住户外运动这一发力点,利用环境优势和多样化的运动内容,结合地域特点开发和优化项目。这不仅激发了青少年参与体育运动的动机,也促进了他们在户外运动中的自我发展和能力提升。通过体育运动的进阶性,营地教育帮助青少年建立自信心、培养独立品格和领导力、提高社交能力,兼顾了他们身心的健康成长,促进了全方面综合发展。

第二节 中国青少年户外营地发展历程

一、萌芽期(1950—1992年)

中华人民共和国成立后,政府部门开始逐渐认识到营地教育的重要性和其独特的教育价

值,积极推动青少年夏令营活动的开展,并鼓励与国际夏令营的交流。1950年,中国少年先锋队(简称少先队)第一批队员受邀前往苏联参加黑海夏令营,这标志着中国青少年营地教育迈出了走向国际的第一步。此后,我国不断派出学者和优秀的少先队员赴世界各地考察,参与国际青少年夏令营活动,同时引入了《苏联少年先锋队夏令营》《沙沙日记》等资料,为国内青少年营地教育的理论发展奠定了基础。通过对外学习和交流,我国逐步探索出一条符合中国国情的青少年户外营地教育发展之路。在全国范围内建立青少年宫,举办形式多样的夏令营活动,丰富了青少年的课外生活,培养了他们的团队精神和实践能力。然而,1966—1976年,"文化大革命"的影响波及了青少年宫等校外机构,青少年户外营地教育的发展受到了一定程度的阻碍,暂时进入了停滞期。尽管如此,这段历史也为我们提供了宝贵的经验和教训,为后来青少年户外营地教育的恢复和发展积累了力量。

1988年出版《怎样组织夏令营》一书,它不仅为国内青少年户外营地活动的组织提供了全面的指导,而且极大地推动了这一领域的繁荣发展。这本书的问世,标志着我国青少年户外营地教育进入了一个新的发展阶段,我国由以往的被动参与逐渐转变为积极探索,为未来青少年户外营地教育的繁荣播下希望的种子。

二、探索期(1992—2004年)

改革开放的春风为国内青少年营地活动的复兴注入了活力。1992年8月,中日联合举办的少年儿童探险夏令营在内蒙古草原上盛大开幕。然而,此次活动也暴露出中国少年儿童在生存技能、生活习惯、意志品质等方面与日本少年儿童存在着较大差距,这一鲜明对比在国内教育界引发了深刻的反思和激烈的讨论。教育部门与社会各界开始重新审视营地教育的重要价值与意义。在这一时期,夏令营不再是优秀学生的专属奖励,而是面向所有青少年开放。教育部门将组织夏令营的权力下放给社会机构,吸引了大量民间资本进入这一领域,夏令营的规模迅速扩大,极大地丰富了国内青少年的课余生活。但与此同时,由于缺乏相应的法律法规和行业标准,夏令营行业出现了一些不健康发展的现象,行业乱象频出。升学考试的压力也迫使一些夏令营机构转变教育理念,偏离了营地教育发展青少年品格、意志、体魄的初衷。与此同时,户外运动的新兴项目传入我国并迅速发展,为青少年营地教育提供了新的内容和形式。1999年,我国新一轮基础教育课程改革正式启动,它强调课程的实用性和校外教育在素质教育中的重要地位,为营地与户外融合的发展路径提供了新思路。在此阶段,我国政府部门和社会机构积极探索适合中国国情的青少年营地教育发展道路。虽然前期由于资本的涌入和法规的缺失导致了一些行业乱象,但后期通过加强引导和管理,逐渐摸索出了一条新的发展道路。

三、发展期(2004—2018年)

2004年"青少年户外营地"的概念首次被提出,标志着中国青少年户外营地教育的重要起点,开启了营地与体育结合的新篇章。随后的10年里,国家体育总局投资创建了121个国家级青少年户外体育营地,2008年教育部与财政部又联合建立了150个大型青少年户外活动与教育实践基地,这些举措推动了我国青少年户外营地教育的发展,使其逐渐步入正轨并初具规模。2010年5月,国家体育总局青少年体育司成立,为营地教育的规范化和高质量发展提供了政策支持和行业指导。2015年,第一届中国营地教育大会的召开和《国务院办公厅关于进一步促进旅游投资和消费的若干意见》的发布,进一步鼓励了营地教育的多元化与可持续发展。2017年,教育部颁布《中小学综合实践活动课程指导纲要》,强化了综合实践课程的重要性,并公示了第一批"全国中小学生研学实践教育基地或营地"名单。同年,中国登山协会青少年委员会成立,为构建青少年户外营地服务体系提供了专业指导,并发布了多项标准性文件,极大地规范了青少年户外营地的建设和运营。同年,"营地产业峰会论坛"的举办,标志着我国青少年营地教育产业的活跃发展。2018年,"全国青少年户外营地夏令营活动"的主办权转移至中国登山协会青少年委员会,并更名为"营动中国",这一品牌活动的推出不仅丰富了青少年的户外活动,也促进了他们的身心全面发展。2018年的"营动中国"活动成功开展了55期冬夏令营,服务了15 654名营员,这在一定程度上标志着我国青少年户外营地教育的正式成型和迅速发展。

四、快速发展期(2018年至今)

2019年,国务院办公厅发布《体育强国建设纲要》,明确提出将青少年体育冬夏令营体系构建和户外体育活动营地发展作为青少年体育活动促进计划的核心内容。同年,"营动中国"项目取得了显著成就,共开展了10期示范性公益冬夏令营、66期社会化冬夏令营和1期定点扶贫公益营,吸引了93家单位参与,服务了超过17 000名营员。2020年,第十二届世界营地教育大会在中国成功举办,标志着我国青少年户外营地教育的蓬勃发展已经赢得了国际社会的广泛关注和认可。2022年,"营动中国"进一步扩大了影响力,以"航天""登山户外""全民健身"等为主题的冬夏令营活动增至504期,参与人数达到了13 000人次。近年来,国家和地方政府密集出台了一系列营地教育相关政策,这些政策不仅促进了营地教育概念的普及,也推动了行业的规范化和标准化发展。这些政策的实施,进一步强化了营地教育与青少年体育发展的紧密联系,体现了党和国家对青少年营地教育健康发展的高度重视和殷切期望。在建设体育强国的时代背景下,得益于政府和市场的双重支持,我国青少年营地教育呈现出迅猛发展的态势,规模空前。中国已经成为世界上营地教育发展最快的国家之一,这一成就不仅彰显了我国在青少年体育教育领域的进步,也为全球营地教育的发展贡献了中国智慧和中国方案。

第三节 中国青少年户外营地相关政策演进

政策的引导与支持是推动我国青少年户外营地教育高速、高质量发展的首要驱动力。自营地教育被引入国内,以体育、教育部门为主导的各政府职能部门共同协作,出台了一系列相关规范性文件与利好政策,建立健全了行业发展的指引与保障体系,文件内容从宏观结构框架逐渐细分化,政策发布主体覆盖面逐渐全面化、具体化,对我国青少年户外营地教育的发展起到了极大的推动作用。

2013年2月,国务院出台《国民旅游休闲纲要(2013—2020年)》,首次提出了研学旅行的概念和设想,研学旅行的学习实践方式得到了政策层面上的肯定和支持。截至2023年,10年间政府各相关部门总计出台30多项相关政策。从数据中不难看出,相关部门在营地教育方面出台的政策数量增长速率有起有落,但总体呈现出逐年增加的趋势。政策制定部门方面,主要参与机构涵盖国务院、国家体育总局、教育部、国家旅游局、文化和旅游部、自然资源部、国家发改委等。从单一部门向多部门联合协作制定政策的布局表明,营地教育逐渐受到国家相关部门不同程度的重视,同时也从侧面彰显出营地教育在促进国家教育、经济、社会发展中的重要价值。

纵观2013—2023年关于青少年户外营地教育相关政策文件,政策文件自身从宏观的框架口号逐渐转变为微观的条目细节。各个政策文件在内容上逐步细节化、具体化,其中大部分文件主要涉及营地教育场地建设与研学资源的开发利用和规范化、安全保障等方面。诸如2022年由国家体育总局等八部门联合发布的《户外运动产业发展规划(2022—2025年)》文件中提到:到2025年,建设各类户外营地10 000个。关于营地与研学基地场地建设与利用的相关政策还包括《"十四五"文化发展规划》《革命老区重点城市对口合作工作方案》《关于进一步激发中小学办学活力的若干意见》《关于推动文化产业赋能乡村振兴的意见》《关于利用博物馆资源开展中小学教育教学的意见》《"十四五"旅游业发展规划》《全民健身计划(2021—2025)》《关于拓展农业多种功能促进乡村产业高质量发展的指导意见》等,文件中大多是以鼓励建设或者计划建设营地从而为青少年开展丰富多彩的教育活动提供条件,促进营地教育发展为主。部分政策文件从财政经济层面对营地教育基地建设提供政策与实际上的支持,诸如《教育部办公厅关于开展2017年度中央专项彩票公益金支持中小学生研学实践教育项目推荐工作的通知》《关于资助建设2014年全国青少年户外体育活动营地的通知》《关于印发中央专项彩票公益金支持教育相关项目资金管理办法的通知》等。

在研学路线与资源开发、丰富营地教育活动政策方面,主要支持各类博物馆、红色文化革命老区,以及国家著名旅游景点依托自身优势,在国家政府、学校和社会团体的组织下有序开展研学活动,拓展营地教育内涵与价值。诸如2022年《文化和旅游部办公厅　教育部办公厅　国家文物局办公室关于利用文化和旅游资源、文物资源提升青少年精神素养的通知》发布,该文件强调以博物馆、纪念馆、开放的文物保护单位、考古遗址公园和红色旅游景区等为依据设计精品研学旅行路线。除此之外还包括《"十四五"文化发展规划》《"十四五"考古工作专项规划》《农业农村部办公厅　教育部办公厅关于开展中国农民丰收节农耕文化教育主题活动的通知》等相关政策文件。

综上,国家层面高度重视营地教育的发展,颁布了一系列文件来推动营地教育整体高速、高质量发展。政策文件内容主要集中在营地教育基地与研学基地、研学资源与路线的开发和利用等方面。除此之外,国家也出台相关政策从财政方面对营地教育予以大力支持。营地教育始终属于教育的范畴,虽然在营地教育实施过程中涉及研学活动、各类博物馆等研学基地、户外运动项目、户外资源等要素,但是其自始至终紧贴教育本身。因此,在以教育为本的中国,营地教育必然逐渐趋于成熟并衍生出符合中国特色的营地教育体系与布局。

第二章　全国青少年户外营地机构现状

本章以全国营地机构概况及特征、全国青少年营地机构概况及特征、"营动中国"推广单位营地机构概况及特征为总体框架,数据来源于"天眼查"商业查询平台和"营动中国"推广单位的申请信息,通过对得到的信息进行梳理,在机构数量、空间分布、注册时间等方面进行分析,具体内容如下。

第一节　全国营地机构概况及特征

2022年12月26日,我国对新型冠状病毒感染实施了"乙类乙管"的方案。随着生产生活秩序的逐步恢复,各行各业迎来了复苏的曙光。2020—2022,由于疫情的影响,中长距离的旅行变得不便,人们的出游半径明显缩小。为了满足休闲需求,露天开放的近郊游和无接触服务成为游客的新选择。在社交媒体的推动下,露营活动一夜崛起,成为网友们热议的话题。人们对露营的认知逐渐清晰,露营的意愿日益加深,参与露营的人数呈指数级增长。随着露营需求的不断增加,露营供给侧也经历了从小规模到大规模、从简单到复杂、从单一到多元的快速发展。露营产业分工越来越明确,产业链日趋完善。在中国,随着经济的持续发展和人们生活水平的提高,人们对自然体验、户外活动和教育旅游的需求也在不断增长,这推动了营地机构数量和规模的相应增加。

在探索中国营地机构的发展现状时,选择"营地"作为关键词,并用"住宿和餐饮业""教育""文化、体育和娱乐业"以及"公共管理、社会保障和社会组织"4个行业进行数据检索是一种明智的方法。使用"天眼查"作为商业查询平台来检索全国各省市的营地数据,具有以下几个显著优势:①"天眼查"作为中国领先的商业查询平台,收录了全国近3亿家社会实体信息,覆盖了300多种维度的信息,并保持及时更新,确保了数据的丰富性和时效性;②"天眼查"的数据来源于政府公开网站的公开数据,依据《中华人民共和国政府信息公开条例》由各级政府依法公开,保障了信息的真实性和权威性;③"天眼查"支持跨终端的数据分析与展示,提供丰富的交互效果,支持多设备协同分析和展示,同时提供天眼报告和工商报告的打印、多格式导出功能,具备强大的官方信息背书,在有效减少工作流程的同时,规避了人工数据筛查的遗漏和疏忽。

一、全国营地机构总体发展概况

当代人们越来越重视生态环境和健康生活方式,户外旅游逐渐成为流行趋势,从而推动了营地机构的兴起和市场规模的持续扩大。现代生活中,人们渴望自然体验和心灵放松,对环保和健康生活方式的重视使得营地旅游成为热门的休闲选择。同时,随着经济的快速发展和人民生活水平的提升,公众对旅游品质和服务质量的期望也在不断提高,这也进一步促进了营地旅游市场的繁荣。

露营作为一种淳朴的户外运动,不仅激发了人们对"诗和远方"的向往,还催生了"露营经济"的兴起。这一新业态涵盖了生活、娱乐、探索和社交等多元化需求,并在近年来呈现出迅猛的发展势头。营地教育行业也迎来了政策红利的释放期,吸引了教育、地产、旅行和户外等多个行业的积极参与。国家政策的支持强有力地推动了营地教育行业的发展,开辟了市场增长的新空间。根据《2021—2022年中国露营经济产业现状及消费行为数据研究报告》,2021年中国露营核心市场规模达到747.5亿元,带动了3 812.3亿元的更广阔市场。营地机构的地理和时间分布与各地经济发展水平紧密相关。截至2023年,"天眼查"商业查询平台的数据显示,全国31个省(区、市)[①]共有47 863家经营状态正常的营地机构,这一数据凸显了营地旅游在全国的广泛普及和活跃发展态势。

二、全国营地机构特征

(一)全国营地机构空间分布特征

我国得天独厚的地理环境和丰富多彩的自然资源,为营地机构提供了丰富的选择和发展机遇。随着公众对健康生活方式和自然体验的追求日益增长,营地旅游已迅速崛起为一种备受欢迎的休闲方式。此外,营地旅游的繁荣与各地经济发展和旅游市场需求紧密相连。在旅游业较为成熟的地区,营地机构不仅数量众多,规模也相对较大,而在其他地区,营地旅游仍处于发展初期。

通过"天眼查"商业查询平台检索,截至2023年,终端显示全国31个省(区、市)共有47 863家经营状态正常的营地机构;进一步对数据进行处理,按照省份对营地机构进行归类统计(图2.1)。在营地机构数量方面表现出类拔萃的省份当数山东省和广东省,其中山东省内营地机构数量位居全国榜首,共4355家经营处于正常状态,广东省紧随其后,有4040家,且与排名第三的四川省拉开较大数量差距,其后各省(区、市)营地机构数量呈断崖式下跌。拥有营地机构数量靠前的分别为四川省、浙江省、海南省、陕西省、安徽省和江苏省,与之形成鲜明对比的是营地机构数量较少的上海市、吉林省、黑龙江省、宁夏回族自治区、青海省和西藏自治区,营地机构最少的省份为西藏自治区,仅有216家。除了营地机构数量的分布不均

---

① 本书如无特殊说明,全国31个省(区、市)即为我国除港澳台地区的31个省(区、市)。

之外，不同地区的营地旅游市场也有着各自的特点和特色。例如，山东省内拥有多家大型营地机构，其中不少是国家级旅游景区，如泰山、崂山等，吸引了众多的游客前来露营、探险和旅游。广东省则以高端豪华营地为主，这些营地机构配备齐全的设施和服务，提供尊贵舒适的住宿体验，深受商务人士和家庭度假者的青睐。四川省则因其独特的地理环境和文化资源，成为旅游爱好者的天堂，获得了"最美营地""最美野营地"等荣誉称号。

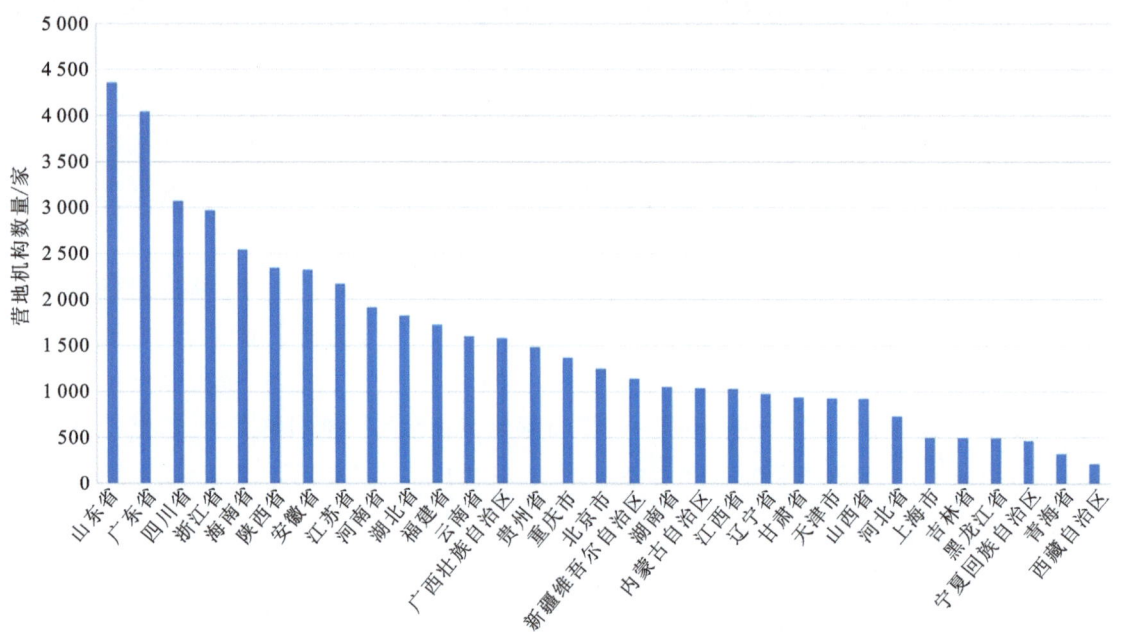

图 2.1　2023 年全国 31 省（区、市）营地机构数量

根据传统的地理划分方法，将我国 31 个省（区、市）分为华东地区（上海市、山东省、江苏省、安徽省、江西省、浙江省、福建省）、华南地区（广西壮族自治区、广东省、海南省）、华北地区（北京市、天津市、河北省、山西省、内蒙古自治区）、华中地区（河南省、湖北省、湖南省）、西南地区（重庆市、四川省、贵州省、云南省、西藏自治区）、东北地区（辽宁省、吉林省、黑龙江省）、西北地区（陕西省、甘肃省、青海省、宁夏回族自治区、新疆维吾尔自治区）七大地理分区，并根据七大地理分区对我国营地机构数量进行分析。

从国内营地机构的空间布局来看，总体上，我国营地在全国分布的数量呈现严重不均衡状态，其占比率呈现出由华东地区、华南地区、西南地区、西北地区、华北地区和华中地区、东北地区依次递减的趋势。图 2.2 显示，我国华东地区的营地机构数量远远超过其他六大地区，位居榜首，占比高达 32%，超过了总占比的 1/4；华南地区的营地数量占比为 17%，紧随华东地区，排名第二；西南地区占比率排名第三，为 16%；西北地区与华北地区、华中地区在研究总数中占比率相近，其中西北地区占比为 11%，华北地区和华中地区占比率相同，均为 10%；东北地区在七大地区中的营地机构数量最少，占比率仅为 4%，占比率最多的华东地区的营地机构数量是它的 8 倍。查阅资料发现，中国营地教育机构主要分布在华东、华南地区，营地机

第二章　全国青少年户外营地机构现状

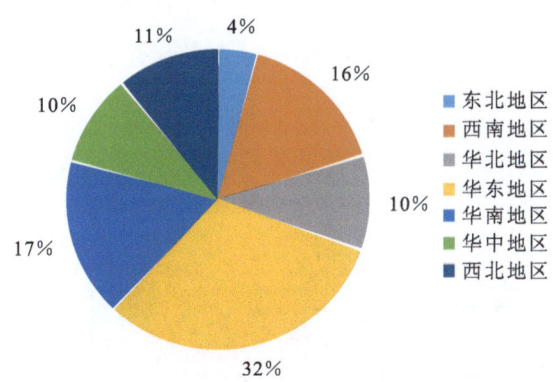

图 2.2　全国营地机构七大地理区域占比图

构一般都在发达城市及地区,如此集中化的营地机构分布特征表现出:一方面,经济活跃度越高、经济综合实力越强的区域/省份在国内的营地行业中越占据营地机构发展规模的领先优势;另一方面,说明营地教育市场发展与经济发展一致,教育资源众多、家长教育观念先进的地区,更接受营地教育。

营地机构的发展与经济发展、旅游需求和自然资源等因素密切相关,随着我国经济和旅游业的不断发展,营地机构的数量不断增加,规模也会进一步扩大。各省的户外营地注册机构数量与各省的经济、面积、地理环境、营地认知、户外运动发展密切相关,将 2023 年全国营地机构的数量与 2022 年我国 31 省(区、市)生产总值进行比对发现,其与所在省的生产总值有着十分重要的关联(图 2.3)。营地产业作为我国新兴的第三产业,其发展和规模必然与经济发展有着必然的联系,经济的发展促进营地需求侧的不断增加从而带动营地供给侧数量激增。广东省、江苏省和山东省是中国生产总值排名前三的省份,这些地区经济发展较为快速,营地旅游市场需求也相对较高,因此这些省份的营地数量较多。此外,沿海地区如浙江、福建和海南等省份也拥有不少营地机构,其中海南更是成为近年来国内最受欢迎的旅游目的地之一。中西部地区的生产总值相对较低,但一些省份如四川、云南和陕西等,拥有得天独厚的自然环境资源,吸引了众多户外爱好者前来探索和体验,因此这些省份的营地数量也相对较多。2021 年,四大直辖市生产总值排名为上海、北京、重庆、天津,其中上海和北京都突破了 4 万亿元,上海常年领跑,北京紧随其后,巨大的经济优势使这两个直辖市的营地机构数量甚至超过了吉林、黑龙江、宁夏、青海、西藏这 5 个省(区)的营地机构数量。甘肃省虽然生产总值排名最低,但是地貌多样,自然风光优异独特,景点众多,具备露营的优质条件,沙漠露营、草原露营备受游客青睐,因此其营地机构数量也不少。

尽管生产总值与营地数量之间并没有必然的直接联系,但从以上数据可以看出,一个地区的经济发展水平和旅游市场需求都会在一定程度上影响该地区营地旅游市场的发展状况。另外,随着人们对优美生态环境和休闲旅游的需求增加,营地旅游市场也在快速发展,具有很大的潜力和前景。

中国青少年户外营地行业发展历程、现状及可持续策略

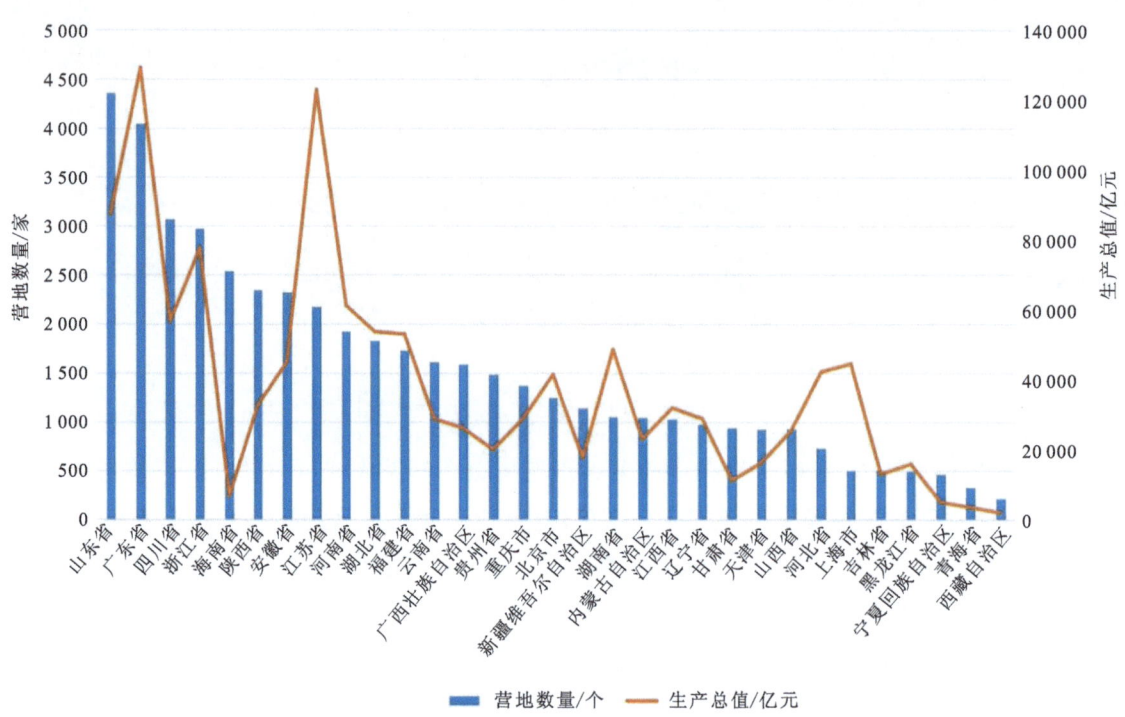

图 2.3　2023 年我国 31 个省（区、市）营地机构数量与 2022 年我国 31 个省（区、市）生产总值对比图

（二）全国营地机构成立时长特征

将我国 31 个省（区、市）营地机构成立时长按照"1 年内""1～5 年""5～10 年"和"10 年以上"4 个时间段进行划分，结果见表 2.1。从各省份营地机构数量和成立时间的分布情况来看，山东、广东、四川和浙江等省份近 5 年内成立的营地数量较多。一些营地数量相对较少的省份，如黑龙江等，相比"5～10 年"，近 5 年也出现了较高比例的新营地。

表 2.1　我国 31 个省（区、市）营地机构成立时长分析表　　　　　　　　　　单位：家

省份	营地机构成立时长				营地机构总数
	1 年内	1—5 年	5—10 年	10 年以上	
山东	1789	2376	165	25	4355
广东	1946	1676	349	69	4040
四川	1643	1252	146	31	3072
浙江	1368	1412	156	36	2972
海南	1164	1299	61	17	2541
陕西	962	1221	130	34	2347
安徽	1184	1028	95	18	2325
江苏	932	1033	158	49	2172

第二章 全国青少年户外营地机构现状

续表 2.1

省份	营地机构成立时长				营地机构总数
	1年内	1—5年	5—10年	10年以上	
河南	1002	818	85	14	1919
湖北	969	736	95	25	1825
福建	774	823	109	22	1728
云南	865	661	63	18	1607
广西	634	868	64	19	1585
贵州	927	474	73	11	1485
重庆	643	650	61	15	1369
北京	727	270	151	98	1246
新疆	478	591	57	12	1138
湖南	601	365	79	8	1053
内蒙古	467	443	109	23	1042
江西	469	499	52	10	1030
辽宁	400	476	79	23	978
甘肃	319	533	76	11	939
天津	526	287	109	7	929
山西	541	357	23	4	925
河北	454	232	44	3	733
上海	253	192	37	21	503
吉林	236	221	33	10	500
黑龙江	252	202	30	10	494
宁夏	142	301	18	7	468
青海	118	166	40	3	327
西藏	93	98	18	7	216

不同省份营地数量和成立时长之间存在一定的关系。营地数量较多的省份，如山东、广东、四川和浙江等省营地成立时间分布比较均匀，这可能是因为这些省份的人群较早地对营地的理念产生认可，促使这些省份的户外运动从业人员在较早的时候就已经开始了对营地旅游市场的探索。同时，这些省份的营地机构也较多，能够更好地满足市场需求。而营地数量较少的省份，则新营地比例较高，说明这些省份的营地旅游市场起步相对较晚，近年来随着旅游市场和消费升级，才逐渐得到重视和发展，新营地不断涌现。像陕西、广西和甘肃这些省份出现增长率大幅度下降，说明其营地行业在不断向前发展的过程中已经出现了市场饱和的迹象，供给侧与需求侧两方面出现了不协调，具有营地需求的人群满足不了当下营地机构的客

流需求。

另外,还存在像北京、江苏这种 10 年以上机构相对较多但该省(区、市)总数量与其生产总值不成正比关系或增长较少的省份,这些省份印证了前文所述的历史悠久的营地机构抢占了营地行业红利,瓜分了该省的大量市场从而导致营地企业数量增长较少或总量令人费解的现象。

吉林、黑龙江、宁夏、青海、西藏等地,营地企业成立 10 年以上的机构屈指可数且增长速度也较为缓慢,这与该地的地理环境有着很大的关系。吉林、黑龙江位于我国东北部,冬季漫长,气候寒冷,泼水成冰,不利于这种长期暴露在户外活动的营地机构的发展。而宁夏、青海、西藏等地地广人稀且当地居民自古就有放牧、朝拜等类似露营活动的习惯,完全可以自给自足地进行露营活动,这导致了营地行业的市场空虚,发展前景差,机构数量增长缓慢。

通常情况下,城市地区的旅游市场需求更高,旅游设施也更完善,因此相应的营地数量更多,成立时间也更久。但是,随着人们对自然环境和生态保护的重视,近年来一些偏远或者乡村地区的营地也得到了更多的关注和发展机会。因此,在未来的发展中,拥有的处在正常经营状态的营地数量并不能直接表明所在省份营地产业的发展状况,数量居多的省份只能在一方面表现出所在地区露营行业的发展有着欣欣向荣的表象,而某些省份相对不尽如人意的营地机构数量并不能代表该省份营地产业发展滞后,恰巧数量较多的省份在一定方面可能代表着该地区营地发展正处在初步发展阶段所导致的无数小微企业齐头并进的状态,而某些省份营地机构数量较少的原因可能是出现了营地企业高速发展导致大型企业吞并微小企业的营地发展中阶段的现象。

基于此,我们需要对当下所调查的数据进行更进一步的归纳分析。一个公司的注册时间代表着该公司的底蕴,而底蕴涵盖着这所公司从初出茅庐到发展整个过程所经历的一切变动,这包括公司架构调整、规模发展历程等一些方面的历史沿革。一个公司,随着时间的推移,若想生存,尤其是在如今营地行业如此火热的现实情境下生存,改革是必然的,且营地行业的突然爆火能够促使这些原本历史相对悠久的公司在工作经验方面抢占先机,从而吸引大量的消费者参与,这有利于公司完成一定的资本积累,蜕变为行业的龙头企业。

另外,一个地区的营地行业的发展状况,仅靠着其机构存在数量、机构规模大小来进行评判是失之偏颇的,公司历史或可以等同于其在这一行业的理念经验也是较为重要的。先进的经验理念的超前性不能实现短时期的资金变现,但其影响未来对这个行业的发展是指导性甚至革命性的。

第二节 全国青少年营地机构概况及特征

营地教育最早起源于美国,至今已有 150 多年的历史,是基于营地的一种创新式教育模式,营地中的营员通过在营地的生活和体验活动,实现受教育的目的。营地教育作为一种体验式学习,是相对于学校教育和家庭教育的一种社会教育的模式,是青少年、儿童在营地体验课程和活动,从而进行团队协作的一种形式。

青少年营地为青少年提供夏令营或露营活动,旨在为青少年提供一种锻炼自我、增长知识、交友互动的机会。这些营地通常位于自然景区或郊区,提供各种户外活动、团队建设、文化交流、体育比赛等项目,让青少年在玩乐中学习,感受大自然的美好。中国青少年营地通常由专业的组织机构或教育机构负责管理和运营,为青少年提供安全、有趣的活动。这些营地通常也会有经验丰富的教练和辅导员负责指导和照顾参加营地活动的青少年。参加中国青少年营地活动可以培养青少年的领导力、团队协作能力和社交技能,同时也能增强他们的身体素质和爱国主义精神。2011年国家体育总局对青少年户外营地的界定为:由政府倡导,体育彩票公益金资助,依托江河湖海、山地森林、公园景区等自然资源,按照一定标准建设与管理,具有相应服务设施,以户外体育项目活动为主要内容,培养青少年热爱大自然、热爱体育活动良好品质的青少年户外体育活动场所。

一、全国青少年营地机构总体发展概况

我国的青少年营地机构总体发展态势良好。近年来,随着社会对青少年教育和培养的重视程度提高和旅游市场需求的不断增长,我国的青少年营地机构数量和规模也得到了快速发展。通过"天眼查"商业查询平台检索,截至2023年,终端显示全国31个省(区、市)共有307家经营状态正常的青少年营地机构。其中,广东、山东等东部沿海省份和四川、云南等西南省份的青少年营地机构数量较多,但同时也存在一些地区缺乏基础设施和资源支持的情况。此外,随着青少年人群需求的多样化,青少年营地机构的活动形式和内容也逐渐多元化和个性化,从传统的户外探险、野外生存、极限运动等向文化探索、科技创新、心理疏导等更多领域拓展。总之,我国的青少年营地机构在数量、规模和活动形式上呈现出快速发展的趋势,为促进青少年身心健康成长和全面发展提供重要的平台和机会。未来,需要加强规范化建设、提高服务品质、创新活动模式,促进青少年营地机构的可持续发展。

这些营地机构通常由各地的教育机构、社会团体或政府部门负责管理和运营。青少年营地机构的空间通常比较宽敞,可以容纳数百名至数千名青少年参加活动。这些营地通常会提供宿舍、食堂、教室、户外活动区等设施,以便为青少年提供安全、舒适的生活环境。总体来说,中国青少年营地机构在为青少年提供全面的教育和锻炼方面发挥了重要作用,为青少年的健康成长和全面发展提供了有力支持。中国青少年营地机构的分布相对比较广泛,通常都位于自然景区或郊区,以便为青少年提供更多的户外活动和自然体验。

二、全国青少年营地机构特征

(一)我国青少年营地机构空间分布特征

截至2023年4月,通过"天眼查"商业查询平台以关键词"青少年营地",选择"住宿和餐

饮业""教育""文化、体育和娱乐业""公共管理、社会保障和社会组织"4个行业对全国31个省（区、市）的青少年营地数据进行检索，目前全国31个省（区、市）内有307家经营状态正常的青少年营地机构，进一步对数据进行处理，按照省份对营地机构进行归类统计（图2.4）。

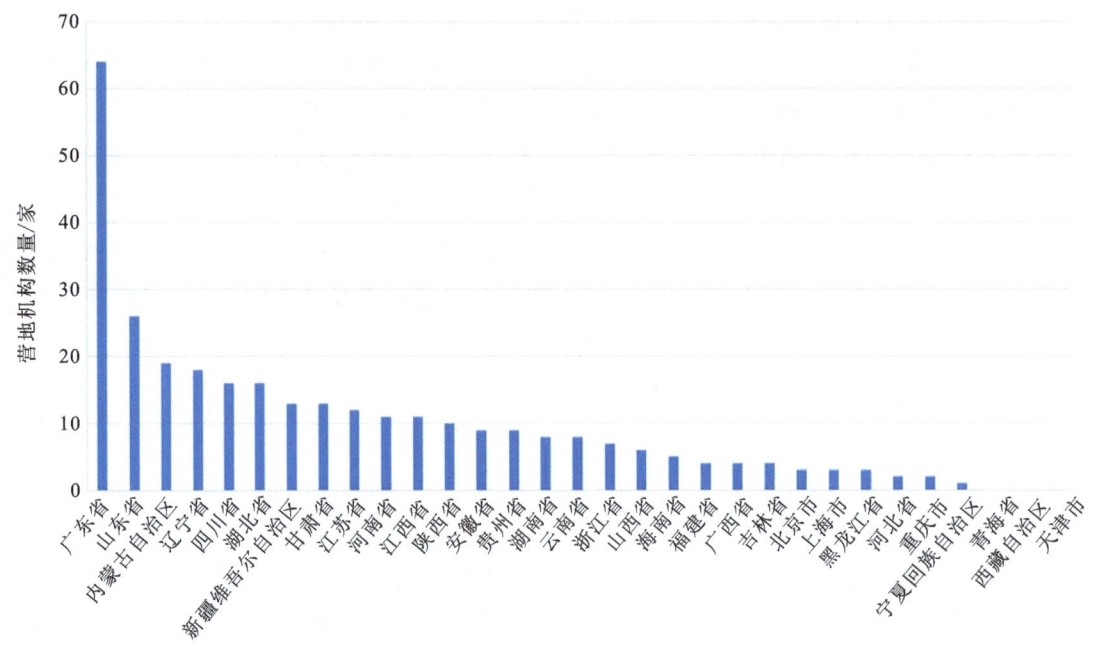

图2.4 截至2023年4月全国31省（区、市）青少年营地机构数量

拥有青少年营地机构数量最多的两个省份分别是广东省、山东省，广东省内青少年营地机构数量位居全国榜首，有64家经营处于正常状态，其数量是拥有26家营地机构的位居第二的山东省的近2.5倍。拥有青少年营地机构数量靠前的还有内蒙古自治区、辽宁省、四川省和湖北省，与之形成鲜明对比的是青少年营地机构数量较少的宁夏回族自治区、青海省、西藏自治区和天津市，青海省、西藏自治区和天津市并没有查到相关的青少年营地机构。这些青少年营地机构的规模和类型各不相同，有些是大型综合性青少年营地，有些则是以某一特定活动为主题的青少年营地。

根据传统的地理划分方法，从七大地理分区（不包含港澳台地区）对我国青少年营地机构数量进行分析。从国内营地机构的空间布局来看，总体上，我国青少年营地机构在全国分布的数量呈现严重不均衡状态，其占比率呈现出由华东地区和华南地区、西北地区、华中地区和西南地区、华北地区、东北地区依次递减的趋势，具体如图2.5所示。我国华东地区和华南地区的青少年营地机构数量在研究总数中占比率最高且相同，占比高达24%，这两个地区的青少年营地机构数量之和接近研究总数的一半；西北地区的青少年营地机构数量占比率为12%；华中地区和西南地区的青少年营地机构数量在研究总数中的占比率也相同，都为11%；华北地区的青少年营地机构数量占比率为10%；东北地区在七大地理分区中的青少年营地机构数量中占比率最小，仅为8%。这种不均衡的分布状态可能与各地的经济发展水平、旅游资源和扶持政策等因素有关。此外，青少年营地机构的空间布局不仅涉及地域范围的问题，还与城乡差异、人口密度和交通便捷性等方面相关。未来需要进一步完善青少年营地机构的空间布局规划,促进其更加均衡地分布,让更多的青少年受益于青少年营地的教育和培训。

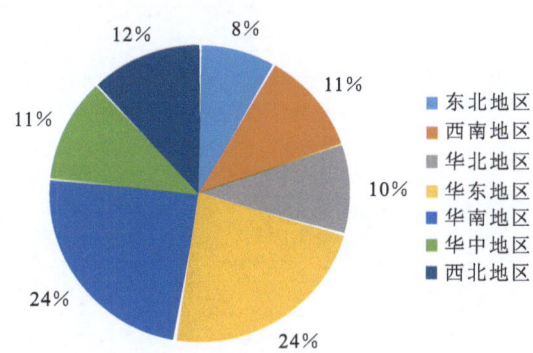

图 2.5　全国青少年营地机构七大地理分区占比图

(二)我国青少年营地机构成立时长特征

由表 2.2 可以看出,在各个省份中,1~5 年内成立的营地机构数量最多,这反映出近年我国营地旅游市场发展迅速,越来越多的人开始关注和参与户外旅游与生态保护,同时也促进了营地旅游行业的快速发展。

广东、山东和内蒙古是拥有较多青少年营地机构的省区,此外,一些省份如江苏、陕西、浙江等的营地机构成立时间分布比较平均,而另一些省份如广东、山东、湖北等则存在较多成立时间超过 10 年的老牌青少年营地机构。总的来说,这些数据反映出我国青少年营地机构发展还处于初级阶段,未来需要加大对营地旅游市场的规划、管理和投入力度,提高营地机构的服务质量和创新能力,促进营地旅游市场健康快速发展。其中经营年限为 1~5 年的营地最多,有 167 家,10 年以上经营年限的营地机构最少,有 15 家。在全国 31 个省(区、市)中,广东省以拥有 62 家青少年营地领跑全国,其主要原因为地理位置优越。广东位于中国南部沿海地区,拥有成熟的交通网络和港口,便于与中国其他省份及国际接轨,这为广东的青少年营地提供了更加便利的条件。同时,广东是中国人口最多的省份之一,人口基数大也意味着青少年的数量众多,为青少年营地提供了较大的市场需求和招生基础。另外,广东有着多元化的旅游资源,有着独特的文化、自然和历史景观,如岭南文化、珠江三角洲等,这些景点为广东的青少年营地提供了更多元化、多样性的活动内容选择。

表 2.2　我国 31 个省(区、市)青少年营地机构成立时长分析表　　　　　　　单位:家

省份	青少年营地机构成立时长			
	1 年内	1~5 年	5~10 年	10 年以上
广东	4	29	26	3
山东	0	16	7	2
内蒙古	2	12	6	0

续表 2.2

省份	青少年营地机构成立时长			
	1年内	1~5年	5~10年	10年以上
辽宁	0	13	4	0
四川	3	9	3	1
湖北	2	5	5	2
新疆	0	11	2	0
甘肃	0	7	5	0
江苏	3	7	3	0
河南	3	8	0	0
江西	4	7	2	0
陕西	3	5	1	1
安徽	1	4	4	0
贵州	1	5	2	1
湖南	0	4	3	1
云南	1	7	0	0
浙江	2	3	1	2
山西	4	0	2	0
海南	0	5	0	0
福建	0	2	2	0
广西	0	1	3	0
吉林	0	2	0	0
北京	0	0	2	1
上海	0	1	1	1
黑龙江	1	2	0	0
河北	0	1	0	0
重庆	2	0	0	0
宁夏	0	1	0	0
青海	0	0	0	0
西藏	0	0	0	0
天津	0	0	0	0

第三节 "营动中国"推广营地机构概况及特征

2010年,国家体育总局青少司举办了首届全国青少年户外体育活动夏令营,吸引了全国各地青少年的热情参与。全国青少年户外体育活动夏令营起初全部由省级体育局承办,2014年,北京站由中国登山协会承办;2015年活动结束后,总局青少司做出了一个重要决定:把举办全国青少年户外体育活动夏令营的主要任务交给了中国登山协会。

在国家体育总局青少司、国家体育总局登山运动管理中心的指导和中国体育彩票的支持下,中国登山协会倡导发起了全社会广泛参与的"营动中国"项目。该项目包含青少年夏令营、冬令营、周末营、亲子营等系列户外活动,旨在通过利用丰富的自然、人文等资源,广泛开展户外运动、野外生存、自然教育、国防教育等活动,让青少年在亲近自然的同时,达到强健体魄、磨炼意志的目的。"营动中国"的使命是:让中国孩子体验到高品质的营地活动,引导中国青少年户外营地行业发展,助力健康中国。

一、"营动中国"推广营地机构总体发展概况

自2015年起,中国登山协会承接全国青少年户外营地冬夏令营活动,并于2018年倡导创立了"营动中国"冬夏令营品牌。这一举措旨在为广大青少年提供更多、更好的户外体验和教育机会,同时促进户外运动文化的普及和发展。截至2023年5月,"营动中国"冬夏令营已经有170家推广营地机构积极承办,活动覆盖全国31个省(区、市),在社会上形成了一定的影响力。除了公益示范性活动外,未来"营动中国"系列活动还将继续开展涉及范围更广的社会化和市场化活动,让越来越多的社会力量和青少年参与其中。通过"营动中国"系列活动,青少年可以在安全监管下享受到户外探险、科学实践、文化传承、社会交流等丰富多彩的体验,提高身心素质和综合能力。同时,这些活动也提升了青少年对户外运动的认知和热爱,对于推动我国户外运动文化的普及和发展具有积极意义。

二、"营动中国"推广营地机构特征

(一)"营动中国"推广营地机构空间分布特征

根据"营动中国"推广单位的营地机构数据,截至2023年5月,全国31个省(区、市)内有170家相关营地机构,营地机构数量最多的是广东省和湖北省,其中广东省内有高达15家营地机构,湖北省有14家营地机构。在数量排名上紧随其后,营地机构数量排名靠前的省(区、市)还有贵州省、北京市、浙江省、四川省和辽宁省。与之形成鲜明对比的是吉林省、西藏自治区和江西省,其中西藏自治区和江西省并未有相关的营地机构参与"营动中国"的推广活动(图2.6)。这可能与当地经济状况和旅游资源等因素有关。未来,需要加强对这些地区的基

础设施建设和资源整合,提高当地的青少年教育和培养水平,促进青少年营地机构的发展。

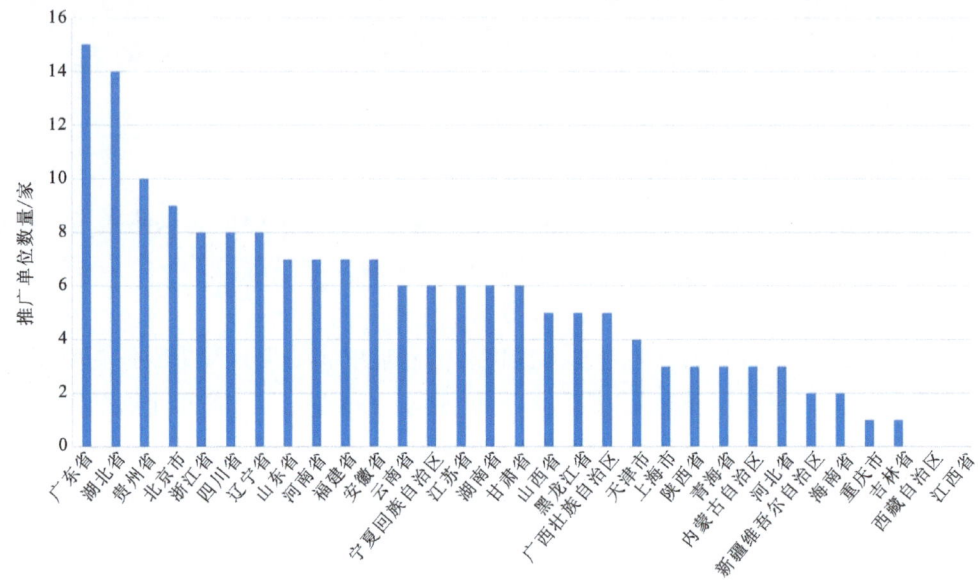

图 2.6　全国 31 个省(区、市)"营动中国"推广单位数量

总之,"营动中国"系列活动的开展促进了全国范围内青少年营地机构的发展,但在不同地区之间仍然存在着明显的差异。因此,未来需要进一步加强规划和管理,促进青少年营地机构的均衡发展,为广大青少年提供更多、更好的户外体验和教育机会。

根据传统的地理划分方法,从七大地理分区(不包含港澳台地区)对参加"营动中国"推广的营地机构数量进行分析。从空间布局来看,总体上,"营动中国"推广单位的营地机构在全国分布的数量呈现严重不均衡状态,其占比率呈现出由华东地区、华中地区、西南地区、华北地区、华南地区、西北地区、东北地区依次递减的趋势,具体如图 2.7 所示。我国华东地区的营地机构数量远远超过其他六大地区,位居榜首,占比高达 22%;华中地区的营地数量占比率为 16%,排名第二;紧随其后的分别是西南地区、华北地区、华南地区和西北地区,它们在研究总数中的占比率相近,分别为 15%、14%、13% 和 12%;东北地区"营动中国"推广单位营地机构数量占比最少,仅为 8%。

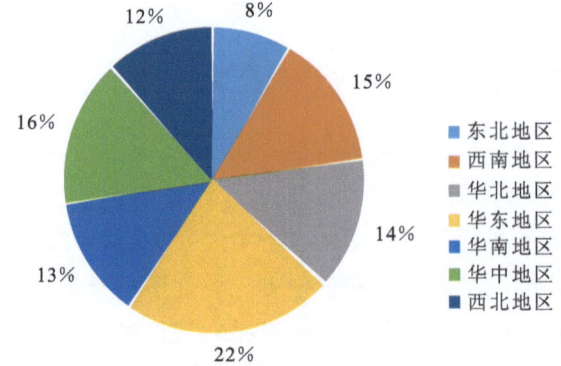

图 2.7　"营动中国"推广单位七大地理分区区域占比图

(二)"营动中国"推广营地机构成立时间特征

由表2.3可以看出,我国31省(区、市)"营动中国"推广单位的成立时间呈现出一定的差异。其中,广东、湖北和贵州这3个省份参加的营地机构数量最多,分别为15家、14家和10家,拥有较为丰富的营地资源和经验。而西藏和江西两个省份没有任何机构参加,可能是由于该地区的自然条件和旅游业发展水平相对较低。在所有参加的机构中,成立时间为5~10年的机构占比最高,达51%;成立时间为1~5年的机构占比39%;成立时间为10年以上的机构则最少,占比只有10%。这表明,现阶段在营地旅游市场竞争激烈的环境下,成立时间相对较短的营地机构更具活力和创新精神。如果排除没有参加的两个省份,在剩余的29个省份中,有15个省份没有10年以上的营地机构参加"营动中国"的推广,其推广机构的年限主要集中在1~10年。这说明,我国营地旅游市场仍然处于发展初期,并且还有许多省份和地区需要加大推广力度来推动其营地旅游市场的发展和提升整体水平。

"营动中国"这些推广单位的成立时长也是他们在该行业中拥有丰富经验的证明,虽然不能完全反映该营地机构的发展状况和实际能力,但是这些推广单位不仅在本地区内取得了良好的口碑和影响力,也在全国范围内赢得了许多用户和合作伙伴的信任和认可。可以说,他们是行业内的领军者和榜样,对推动营地旅游行业的发展和提升整体水平发挥了重要作用。"营动中国"推广计划是促进我国营地旅游市场发展的重要举措之一,未来还需要加强对青少年营地机构的规划和管理,确保推广营地机构在各方面的发展水平得到均衡提升,促进各地营地机构之间的合作和交流,提高全国范围内的营地运营水平和服务质量。同时,也需要关注各个地区之间的差异和不足,加大对基础设施建设、人才培养和管理创新的支持力度,确保广大青少年能够享受到更多、更好的户外体验和教育机会。

表2.3 我国31个省(区、市)"营动中国"推广营地机构成立时长表　　　单位:家

省份	"营地中国"推广营地机构成立时长			
	1年内	1~5年	5~10年	10年以上
广东	0	5	10	0
湖北	0	10	3	1
贵州	0	4	5	1
北京	0	4	4	1
浙江	0	4	3	1
四川	0	2	4	2
辽宁	0	3	5	0
山东	0	4	3	0
河南	0	2	4	1

续表2.3

省份	"营地中国"推广营地机构成立时长			
	1年内	1~5年	5~10年	10年以上
福建	0	2	2	3
安徽	0	4	3	0
云南	0	4	1	1
宁夏	0	1	4	1
江苏	0	2	4	0
湖南	0	0	5	1
甘肃	0	3	3	0
山西	0	1	3	1
黑龙江	0	0	4	1
广西	0	2	3	0
天津	0	2	2	0
上海	0	0	3	0
陕西	0	0	3	0
青海	0	2	1	0
内蒙古	0	2	1	0
河北	0	1	2	0
新疆	0	2	0	0
海南	0	1	0	1
重庆	0	1	0	0
吉林	0	0	0	1
西藏	0	0	0	0
江西	0	0	0	0

第三章　全国青少年户外营地产品现状

随着人们生活水平的提高,户外旅游成为越来越多人选择的一种休闲方式。营地作为户外旅游中的一种住宿形式,也越来越受到人们的关注和喜爱。教育部门响应中共中央、国务院的号召,积极制定相关教育政策,将营地教育逐步纳入中小学生的教育体系。这无疑增加了青少年参加营地教育的积极性,促进全国范围内的青少年积极参加各类营地教育,达到促进青少年综合素质发展的目标。

携程数据显示,2023年3月以来,露营热度居高不下,近1个月,携程露营订单同比增幅超过150%,部分热门营地的"五一"产品近乎订满。美团、大众点评数据显示,2023年2月底到3月初,"露营"相关搜索量同比上升450%,笔记数量增长约300%。另马蜂窝平台数据显示,2023年3月以来露营基地热度上涨350%、露营攻略热度上涨270%。不难看出,户外营地行业已经成为当下旅游、文化等众多产业走可持续发展绿色经济道路的重要载体。然而,随着消费者需求多样化的不断增加,营地产品在设计和运营上也开始慢慢变化。本书从"马蜂窝""游美""携程""远方"网络平台共收集店家100家,经过比对剔除重复店铺和信息不完整的店铺,剩余73家,基于此,从供给视角、需求视角和第三方视角,结合企业营销数据、用户体验视角和第三方机构的数据,对营地产品的概况进行多维度分析并结合相关数据对其特征进行总结与分析。

第一节　供给视角下营地产品概况及特征

从供给视角来看,营地产品具有以下特征。首先,营地所处的自然环境安全舒适。营地通常靠近大自然,如临近森林、湖泊、山川等,以提供给顾客一个真正的户外体验。营地的优越位置使得它们能够为顾客提供接触自然、呼吸新鲜空气的机会。其次,营地还提供多种丰富的娱乐活动。这些活动包括登山、徒步旅行、钓鱼、烧烤、露天电影等,都是在自然环境下进行的。通过这些活动,顾客能够放松身心、增强体质。最后,营地还有丰富多样的住宿设施。营地最常见的住宿设施包括帐篷、木屋和露营车等,这些设施能够为顾客提供舒适的睡眠环境,让他们更好地享受户外生活。另外,营地产品价格相对较为亲民,适合年轻人和家庭出行。通过提供经济实惠的住宿和娱乐服务,营地产品可以让更多的人参与到户外休闲活动中来,促进人们的身心健康和社交互动。

一、自然环境安全舒适

营地产品的核心卖点之一就是自然环境和景观。许多人选择住营地的主要原因是希望离开城市喧嚣,享受自然的美妙和宁静。对于营地运营者来说,要提供给消费者最好的户外体验,必须考虑到自然环境的保护和营地场地的选择。如何让营地与自然融为一体,以满足消费者的需求,是营地运营商需要考虑的问题之一。

在各类商家出售的营地商品中,露营环境包含要素有树林、星空、草坪、山峦、河流、湖泊、小溪、牧场、沙漠、海滩和日出日落等景色,按照自然景观的分类从地文景观、水域风光、生物景观、气候天象4个方面将其归纳如图3.1所示。地文景观是指在自然环境的影响下,受地球内力作用和外力作用共同作用形成的景观。地表各种地文景观的形成和演变,直接受地层和岩石、地质构造、地质动力等因素的影响与控制,以此景观为主的营地占比18%。气候天象景观主要指千变万化的气象景观、天气现象,以及不同地区的气候资源与岩石圈、水圈、生物圈旅游资源景观相结合,再加上人文景观旅游资源的点缀而构成的丰富多彩的气候天象旅游资源。如美丽的高山冰雪景观、雨景、云雾景、明月、日出、云霞和偶然发生的佛光、海市蜃楼、雾凇、雨凇等,以气候天象景观为主的营地占比29%。水域风光是大自然风景的重要组成部分,是"灵气"之所在。江河湖海、飞瀑流泉、冰山雪峰不仅独自成景,更能点缀周围景观,使得山依水而活,天得水而秀。水域风光动中有静、静中有动,以此景观为主的营地占比为17%。生物的存在使世界变得精彩,各种动植物使地球生机勃勃,让人类赏心悦目,以生物景观为主的营地占比最多,为36%。

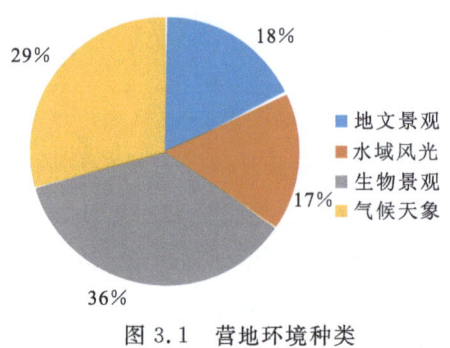

图3.1 营地环境种类

二、户外活动花样纷呈

户外活动是营地产品最为重要的组成部分,而活动内容的多样性也是营地产品的一大特点。

露营活动形式多样,露营模式已从传统露营、便捷式露营发展到精致露营。露营原本只是"驴友"或是户外爱好者的一种小众生活方式,但现在越来越多的都市人开始去亲近大自然,进行运动,让露营的休闲、个性化特征越来越明显,露营+的模式越来越流行。根据调查的73个商家的情况,青少年户外营地开展的活动包括徒步、烧烤、电影、飞盘、观星、篝火、采摘、射箭、卡丁车、皮划艇、真人CS、手工、音乐会、下午茶、宠物互动、划桨、钓鱼,除此之外还包括非洲鼓、围炉夜话、丛林穿越、植物科普、滑翔伞、热气球、动力伞、稻田摸鱼等数十种活动。其中活动开展数量最多的3项分别是烧烤、徒步、电影(图3.2)。

第三章　全国青少年户外营地产品现状

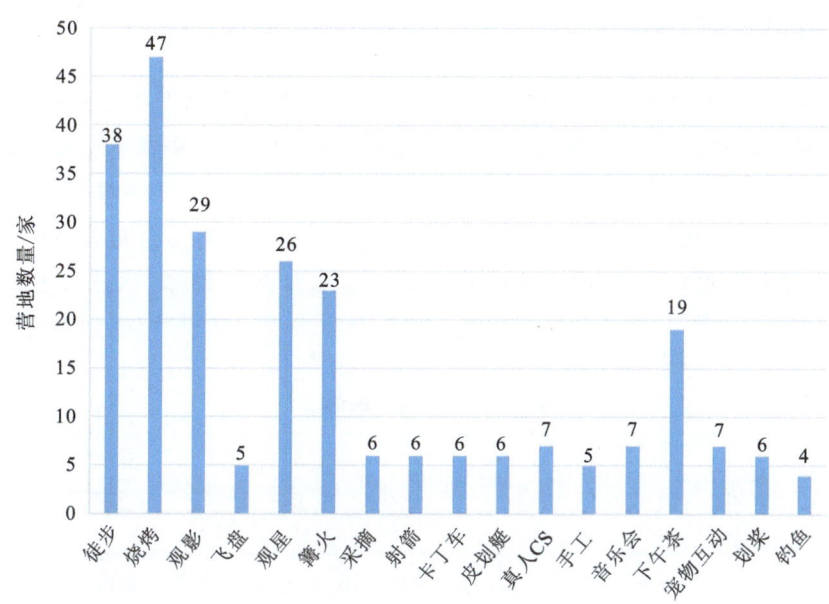

图 3.2　各商家活动开展情况

按照是否在营地过夜将营地活动分为 3 种：过夜营地、不过夜营地、综合营地。过夜营地是一种提供露营住宿服务的旅游营地。它通常位于自然环境优美的地方，如森林、海滨或山区，并提供各种类型的露营设施（如帐篷、木屋、房车等）和服务。过夜营地的主要特点是允许游客在露天下过夜，与自然亲密接触。游客可以在营地内搭建帐篷、使用烧烤设施、参加篝火晚会等活动，同时享受基础生活设施和安全保障。不过夜营地通常提供一系列户外活动，如徒步、骑行、观光等。这些营地通常不提供过夜住宿设施，但可以在当天提供基本设施（如洗手间、厕所、净水站和垃圾处理设施等）和服务。不过夜营地通常更适合那些只想进行一日游或短途旅行的人们，是一个完美的周末度假去处，提供了多样化的户外体验，但无须担心住宿问题。如图 3.3 所示，在调查的 73 家商家中过夜营地是最多的，有 43 家，不过夜营地有 21 家，综合营地有 9 家。包含过夜营地项目的营地共有 52 家，占比 71%，其主要项目包括两日游、三日游、周营地、夏令营和冬令营等。

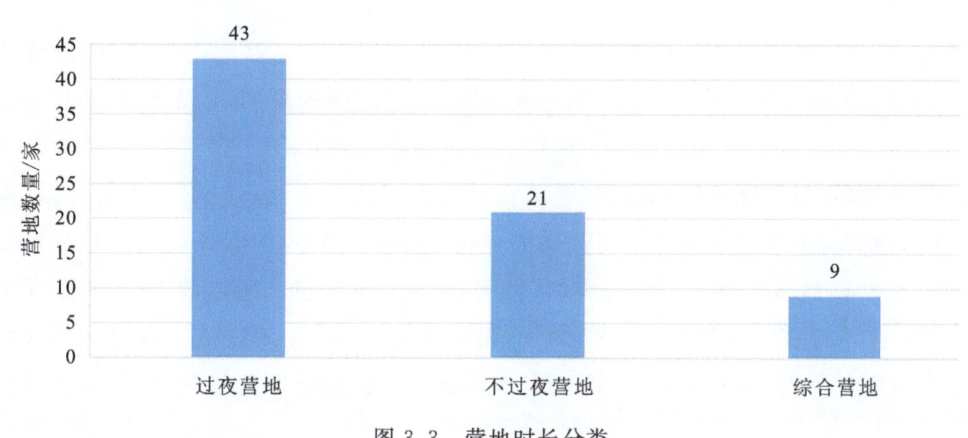

图 3.3　营地时长分类

三、设备设施一应俱全

营地产品设备设施的质量和完善程度也是消费者关注的一个重要因素,第三方平台为消费者提供了更多种类、更为完备的营地产品以供选择。以"游美"平台为例,该平台提供的营地产品照顾到了消费者的住宿、餐饮、娱乐等各个环节,包括卫生间、淋浴房、餐厅和供应新鲜食材的厨房等生活设施,此外,还提供卫生和清洁保障,为消费者提供高品质的户外住宿环境和服务。结合天猫和京东所出售的主要户外营地用品品牌及其产品,产品类型及分类如下(表3.1)。

表3.1 户外营地品牌

产品类型	产品分类
露营住宿装备	帐篷、天幕、睡袋、吊床
露营家电	烧水壶、户外空调、户外冰箱、便携咖啡机
露营厨具	便携锅具、户外餐具、旅行茶具
露营桌椅、储物	桌板、折叠椅、收纳箱、野餐包

四、住宿类型丰富多元

营地产品住宿保障也是消费者关注的核心点。每个人对住宿的要求不同,因此营地产品需要具备各种营地设施,如帐篷、木屋或者露营车等,以满足不同消费者的需求。

在供给视角下,营地住宿可以分为以下几类:普通帐篷营地、木屋营地、房车营地、豪华帐篷营地等。普通帐篷营地是传统的营地形式,具有成本低、易携带、户外体验强的特点;木屋营地则更加注重舒适性和便利性,并且可以保证住宿环境的清洁和卫生;房车营地广受年轻人喜爱,可以在车内享受舒适的住宿体验,更具流动性和便捷性;豪华帐篷营地则是专为追求高品质的用户打造,在传统帐篷露营的基础上,加入更多豪华设施和提供高端住宿、美食、娱乐等服务的一种形式。

据调查,目前市场中营地住宿类型种类占比如图3.4所示。首先,普通帐篷营地依然是主流,占比最高,达到44%,其原因有:第一,帐篷露营更加接近自然,让人们可以亲密接触大自然,享受清新的空气和美丽的风景,人们可以根据需要选择不同的露营地点,并随时更改计划;第二,灵活性高,与传统酒店相比,帐篷露营具有更高的灵活性;第三,成本低廉,帐篷露营通常比酒店更便宜,因为顾客无须支付高昂的住宿费用和其他附加服务。其次是豪华帐篷营地,占33%,豪华帐篷露营是一种更加奢华、便利、舒适和尊贵的户外旅游方式,对于那些不想完全抛弃舒适生活享受野外体验的人们来说,是非常棒的选择。但是它也存在价格昂贵、环保问题和失去部分野外体验等缺点。而房车营地和木屋营地因价格昂贵,且需要提前预订和共享卫生设施等原因,占比最少,分别是13%和10%。

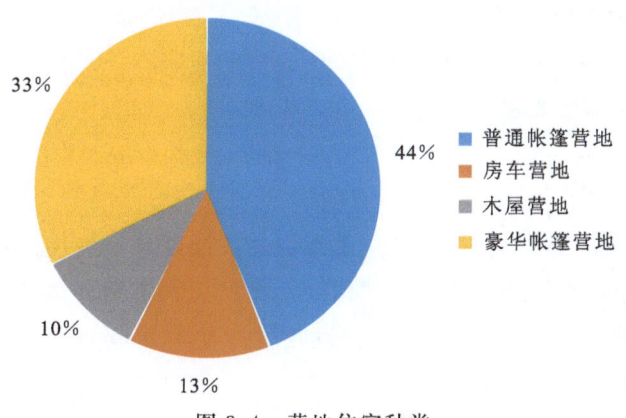

图 3.4　营地住宿种类

五、产品出售方式多样

露营市场产品出售是指商家将产品按照不同内容或不同种类打包并以一定价格售卖给消费者。如图 3.5 所示,在调查的 73 家商家中,套餐出售类型可分为按活动内容丰富度收费、按住宿类型收费、按露营天数收费和按露营人数收费。按活动内容丰富度收费的产品包括骆驼骑行、海边露营烧烤、自带帐篷不过夜+下午茶、天幕位烤肉/部队锅+下午茶(日归营)、晚间星空套餐、观星空体验+骆驼等;按住宿类型收费的套餐包括标准房车、情侣房车、豪华房车、蜗牛帐篷、贝壳帐篷、超大金字塔帐篷、树屋帐篷、一室湖景木屋、望江大床房、听涛河景房等;按露营天数收费的套餐包括青甘环线 10 天 9 晚游、五湖穿越 2 日游、腾格里五湖连穿 3 日游、星空露营 2 日游等;按露营人数收费的套餐包括 2 人套餐、4 人套餐、6 人套餐、

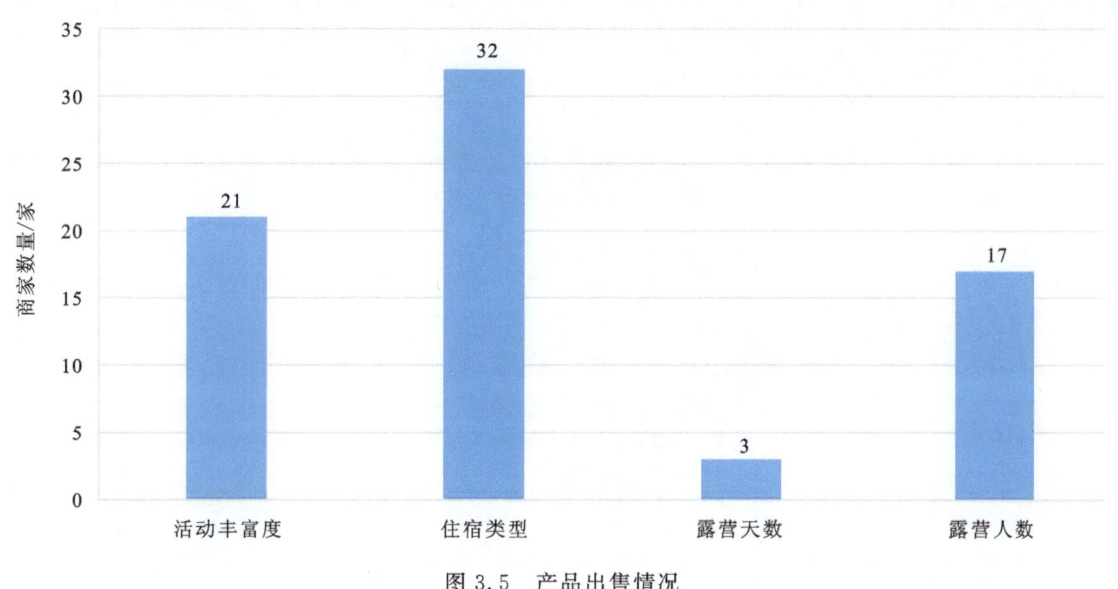

图 3.5　产品出售情况

5人天幕套餐、10人天幕套餐、韩式烤肉套餐(4~6人)、围炉煮茶不含帐篷(4~6人)、日归露营双人/3人套餐、不过夜烧烤套餐(10人起订)、2~3人森林营地套餐等。其中按照住宿类型收费的商家最多,有32家;按照活动内容丰富度收费的商家有21家;按照露营天数和露营人数收费的商家较少,分别为3家和17家。

六、主题露营体验度高

营地运营者可以根据营地的景观、自然资源、设施、活动项目和用户需求等设计特定主题的营地产品,以最大限度地符合消费者的需求。常见的主题包括环境类型、运动类型、住宿类型等。具体而言,针对不同主题,营地需要提供相应的住宿环境、专业设备、娱乐设施和专业活动项目等,以满足消费者不同的需求。

如图3.6所示,在说明营地主题的商家中共有公园露营、亲子露营、森系露营、星空露营、海边露营、房车露营6个种类。其中森系主题的营地以39%的占比位居第一。森系主题营地是一种以山林和森林为主题的营地。森系主题营地为人们提供了一种更加接近自然和野外生存的旅行方式,人们可以近距离接触自然环境、体验野外生存和参与各种户外活动,更好地了解大自然的美妙和野外生存技能。森系主题营地的住宿设施通常是帐篷或简易木屋,通常会组织各种户外活动,如徒步旅行、露营、攀岩等。星空主题营地以28%的比例位于第二,星空主题营地通常位于自然环境优美的地区,远离城市的噪声和光害,让游客沉浸在清新的空气和宁静的环境中。营地配备专业的观星设施,如望远镜、天文台等,以方便游客观赏星空,而且会组织各种星空活动,如星空导览、星座解说、太阳系探索等,让游客更深入地了解星空科学和文化。

营地产品在供给视角下主要需要关注到消费者的户外体验需求,以最大限度地提高用户体验和满意度。营地运营者需要根据场景、主题和营地的特点等因素分类,以满足消费者的需求,同时在设备设施、舒适性和安全保障等方面更加注重用户体验,以提高营地产品的市场竞争力。

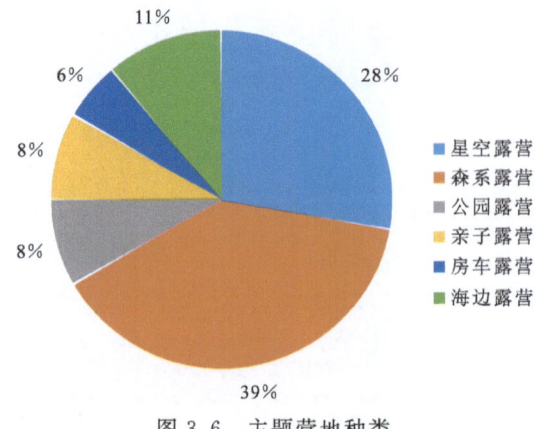

图3.6 主题营地种类

第二节 需求视角下营地产品概况及特征

在需求视角下,营地产品主要应该满足用户的户外体验需求。用户对营地的需求包括但不限于以下几个方面:自然环境(美丽的风景、河流、山脉)、户外活动项目(如徒步、钓鱼、皮划艇、悬索、攀岩等)、社交互动(交流心得、拓展人脉、网络分享)、价格问题(是否过夜、收费标准)、心灵放松。根据这些需求形成了"亲自然""重体验""广社交""价亲民""促健康"的特征。因此,营地产品需要依据用户需求进行差异化设计和运营,以提高用户满意度。

一、亲自然

对于现代人来说,接触和享受自然环境已经变得越来越难。在城市生活中,人们时刻面对高压,很少有机会亲密接触自然环境。因此,营地的自然环境能够满足人们的心理需求,让他们远离城市的喧嚣,放松身心,享受大自然的美好。营地通常位于自然风景区或者郊外,周围环境优美、空气清新。有的营地绿草如茵、花香四溢;有的营地溪水潺潺、湖面平静;还有的营地有沙漠孤烟,层峦叠嶂。营地将人们与自然环境紧密联系在一起,消费者可以沉浸在大自然的怀抱中,远离城市的嘈杂,感受安宁和宁静。此外,营地机构还应该将自然环境与丰富多彩的户外活动相结合,如利用丛林树木进行林地徒步,在可开发水域开展划船、钓鱼等活动,在部分山地开发野外攀岩等活动,通过参与这些活动,消费者可以更加深入地了解自然环境和生态系统,增强对大自然的敬畏之心,也有助于积极参与环保活动,保护自然资源。

二、重体验

现代消费者对户外体验的需求越来越多。在以水域风光为主的营地中,人们可以享受游泳、冲浪、划艇等;在以地文景观为主的营地中,人们可以参加徒步、攀岩等活动;在以生物景观为主的营地中,人们可以体验林地穿越、真人 CS、丛林步道、动植物识别的乐趣;在以气候天象为主的营地中人们可以观云海,看日出日落,赏满天繁星。这些户外活动不仅有助于消费者保持身体健康,也能激发他们的好奇心和冒险精神。例如,在徒步旅行中,消费者可以探索当地的自然风光,领略自然景观的美丽之处;在皮划艇或沙滩排球中,消费者不仅可以锻炼身体,还可以享受阳光沙滩的美好氛围,释放压力,增加乐趣。此外,这些户外活动还能够为消费者提供挑战自我、突破自我限制的机会。在登山等高强度运动中,消费者需要克服海拔高、山路陡峭等困难,这些挑战不仅能够让消费者更好地锻炼自己的身体,也能够增强他们的自信心和勇气。总之,营地机构所提供的丰富多彩的户外活动不仅有助于消费者健康,更重要的是能够激发他们的好奇心和冒险精神。

三、广社交

营地机构为消费者提供了一个社交互动的平台,让人们能够与其他旅客建立联系并分享他们的旅游经历。这种社交互动不仅可以打造一个融洽的环境,也使得消费者更加愉快地度过时间。在这些社交互动中,参加研学营地的消费者可以互相推荐景点、分享旅游经验,从而让大家更好地了解当地文化和风土人情;参加亲子营地的家长可以分享交流自己的育儿经验;参加轻奢营地的消费者可以在网上分享自己的美拍。通过这些积极的社交互动,消费者能够结交新朋友,扩大自己的社交圈子。这对于那些独自出行或者想要认识更多新朋友的人来说,是一种非常有价值的体验。同时,这种互动还可以促进人们的身心健康,提高他们的幸福感和生活质量。总之,营地机构为消费者提供了一个开放、互动和愉悦的旅行环境,让人们更容易享受户外生活和社交互动的乐趣。

四、价亲民

对于那些想要探索大自然、体验户外生活的人来说,营地是一种非常实惠的选择。相比于传统旅游方式中的酒店和度假村,营地的住宿往往更加经济实惠且可选择性更多。此外,营地还提供丰富多彩的娱乐活动和美食选择,使得消费者可以在保证旅行质量的同时,也能够最大限度地节省开支。营地还可以根据消费者的需求提供不同的住宿形式,价格也随之不同。例如,追求原汁原味户外体验的消费者,可能会选择露营或简易帐篷住宿,这种住宿方式价格相对较低。而那些希望拥有更舒适、更便捷住宿条件的消费者,营地也可以提供类似木屋、房车等高端住宿形式,价格也会相应上涨。还有目前比较火爆的轻奢营地,既可以让消费者体会亲近自然的美好,又在食宿方面有较好的提升。总之,营地作为一种价格亲民的旅游产品,可以满足不同消费者的需求。通过提供多样化的住宿形式和娱乐活动,营地能够为消费者打造一个既经济实惠又丰富多彩的户外旅行体验。

五、促健康

现代人的工作负担越来越沉重,心理压力也随之增加。在营地,消费者可以享受慢节奏的生活,呼吸清新的空气,体验大自然的美好。这些体验有助于消费者放松身心,缓解工作压力和焦虑情绪。在露营过程中,消费者可以远离城市的喧嚣和快节奏的生活,享受大自然的宁静。这种体验能让人们摆脱浮躁的生活状态,缓解压力,使身心得到全面放松。此外,亲近自然有助于改善呼吸系统健康,提高免疫力。除了这些方面,营地机构还提供了丰富多彩的户外活动,如徒步旅行、划船、钓鱼和飞盘等运动类项目,以及手工、露天电影、烧烤、下午茶和写生绘画等休闲活动。通过参与这些活动,消费者可以提高自己的身体素质和心理素质,增强自信心和勇气。总之,在营地,消费者能够享受缓慢的生活节奏,呼吸清新的空气,体验大自然的美好。这些体验有助于消费者缓解工作压力和焦虑情绪,并促进身心健康。

综上所述,在需求视角下营地机构的产品旨在满足现代消费者的多层次需求,包括自然环境、户外活动、社交互动、价格实惠和心灵放松。通过满足消费者的需求,营地机构为旅行者打造一个独特的露营体验,让人们不断探索、发现和享受露营的乐趣。

第三节　第三方视角下营地产品概况及特征

第三方机构包括各种社交、旅游 APP，电商平台等。第三方机构对营地产品的评价主要包括营地环境、设施设备、服务质量、活动项目等方面。此外，营地的口碑和用户评价对于第三方机构的推荐也起到了很重要的作用。因此，营地产品在第三方平台上的推荐和引导也是运营者需要考虑的因素之一。

随着消费者对户外旅游和营地住宿的需求与日俱增，越来越多的第三方平台开始推出营地产品的预订服务。这些第三方平台能够为消费者提供更丰富的营地产品，提高消费者购买的满意度。通过第三方平台，消费者可以获得更多的信息，包括环境、设施、价格等，以满足自身的需求。目前，国内较为知名的第三方营地预订平台主要包括"携程""马蜂窝""远方""良田旅行"等。下面将结合这些平台的特点，从第三方视角对营地产品的特征进行分析。

一、营地景观丰富

营地一般有着优美的风光，对城市游客会有天然的吸引力。第三方平台会基于不同主题和营地类型的需求，在国内各地寻找具有优美自然风景或特殊人文历史背景的地址，并根据当地的自然条件和旅游资源挑选最适合的位置。在营地的建设和装修过程中，第三方平台会注重呈现当地自然环境和文化特色，例如，利用原生态材料、采用土法烤肉等方式，让营地更加贴近大自然和当地民俗文化，满足消费者对旅游体验的需求。另外，各个平台会视每个营地的具体情况，打造相应的自然景观，以便提供独特的旅游体验，例如，利用森林、湖泊等自然景观，丰富营地的户外活动项目，增加消费者的互动性和体验感。为了保护当地的自然环境和旅游资源，第三方平台在营地建设和运营过程中会采取相应的环境保护和资源管理措施，例如，合理开发利用水、电等资源，保持营地周边环境整洁和清新，同时鼓励消费者爱护自然环境，积极参与环保行动。

例如，"马蜂窝"平台就提供了全国各地的多个营地产品，包括山地型营地、滨水型营地、森林型营地等特色主题的营地，这些营地可以说最接近传统自助式营地。平台从选择合适的营地地址呈现自然环境和文化特色、打造专属的自然景观、做好环境保护和资源管理等几方面来满足不同消费者的需求。

二、产品设施齐全

营地产品的设备设施是消费者选择营地产品时需要考虑的重要因素之一。在户外环境下，消费者需要在营地内获得安全、便捷和舒适的住宿条件。营地产品需要具有基础设施，如卫生间、淋浴房、餐厅和烧烤区等，以满足消费者的基本需求。对于那些希望拥有更高品质住宿体验的消费者，营地产品还应该提供一系列高端设备设施，如游泳池、温泉、健身房等，以及

Wi-Fi网络、电视和空调等现代化设备,使消费者能够享受到更加舒适和便利的旅行体验。除了设备设施的类型和数量之外,其质量和完善性也是影响消费者选择的重要因素。特别是卫生和清洁管理的状况,会直接影响到消费者对营地产品的好感度。因此,营地产品需要保持良好的卫生和清洁管理,定期清理和消毒设备设施,确保消费者能够在卫生、安全的环境中度过愉快的旅行时光。

营地产品的设备设施对消费者选择营地产品具有重要的影响。在基础设施和高端设备设施方面都要提供多样化的选择,并保持设备设施的高质量和完善性,以满足不同消费者的需求和期望。同时,良好的卫生和清洁管理也是提升营地产品品质和赢得消费者信任的重要手段之一。

三、户外安全保障

营地产品必须确保安全和舒适的住宿环境。舒适度和安全保障涉及很多内容,如营地的卫生状况、床品舒适度、温度控制、卫生间和淋浴房的清洁卫生、消防设施等。在不同环境下的营地有影响各自安全的因素,例如,在山区进行露营时可能存在崎岖不平的地形、陡峭的悬崖和岩石等,需要注意防滑、防坠落,另外,山区气温变化大,需要做好保暖和防寒措施,避免因体温过低而引发疾病;森林营地可能存在毒蛇、毒虫等野生动物,需谨慎避让及注意防护,同时,森林易燃,需要注意用火安全,以避免引发火灾等事故;沙漠营地环境条件恶劣,高温干燥,人体易出现脱水等情况,需要注意加强补水和避免暴晒,沙尘暴、风沙等自然灾害常见,需要注意防范和逃避;海滩营地临近大海,需要注意游泳安全,避免溺水,同时,海浪拍打帐篷容易引发意外,需在设置营地环境时注意距离和方向。为了保障营地人员的安全和舒适,营地产品需要做好安全管理,可以通过智能监控系统监测营地情况,预防发生不良事件。

四、主题特色分明

营地产品也可以通过打造不同的主题来满足消费者不同的需求。例如,以活动内容为主题特色的研学营地,是一种结合研究和探险的营地活动。它旨在为参与者提供一个开放的自然环境,让他们能够深入了解当地的生态环境、历史文化和社会发展等方面的知识。在研学露营中,参与者通常会接受导游或专家的带领,进行各种户外探险和研究活动,如徒步、考察野生动植物、参观博物馆和历史遗迹、学习传统手工艺等,同时,研学露营也注重培养参与者的团队精神和解决问题的能力。参与者通常需要组成小组,共同完成各种任务和挑战,如建造简易住所、野外取水和食物储备等。这些活动不仅有助于增强参与者的体魄和适应能力,还可以提高他们的自我管理和协作能力,让他们更好地适应复杂多变的现实环境。另外,还有以自然景色为主题特色的营地,如沙滩营地。沙滩露营是一种在海滩或沙漠沙丘上搭建帐篷进行露营活动的形式。这种形式的露营常常会让参与者充分感受到阳光、沙滩和海浪等自然元素的美妙,同时也能够享受户外生活的乐趣和自由。要进行沙滩露营,首先需要准备必要的装备,如防晒衣、防水帐篷、睡袋等。在选择装备时,最好选用防风沙、透气性的产品,以应对突发的恶劣天气。在露营期间,还可以在沙滩上进行各种户外活动,如游泳、冲浪、潜水、打沙滩排球等,增加旅行的乐趣。与此相类似的亲子主题营地也越来越受到人们的关注,亲子主题营地提供的亲子活动课程涵盖了户外拓展、纵情奔跑、创意手作等,营地内还有专人看护和儿童活动区,让孩子们获得独立探索的乐趣。

第四章　全国青少年户外营地管理现状

为弥补"天眼查"数据库和中国登山协会所颁布的资料导致前文数据资料刚性化，本章采用问卷调查的方法于2023年5月15日向全国各营地机构和营地指导人员定点发放《全国青少年户外营地行业发展调查问卷》，该问卷内容涵盖基本信息、面临问题、意见建议等几个方面，以较为弹性的形式收集相关数据，以便于形成更加科学、客观的调查结果，真实有效地反映出当前国内青少年户外营地行业的发展现状，助力我国青少年营地事业长期向好发展。

第一节　营地机构运营情况

一、营地机构场地类型

当前国内青少年户外营地机构的营区场地类型包括临时租赁场地、长期租赁场地和自有场地（图4.1）。在受调查营地机构中，45.78%的营区场地属于长期租赁场地。这些营地机构通过长期租赁以获得稳定场地使用或是获取更低的租赁费用，这样能够开展稳定的营地活动，且降低经济风险。

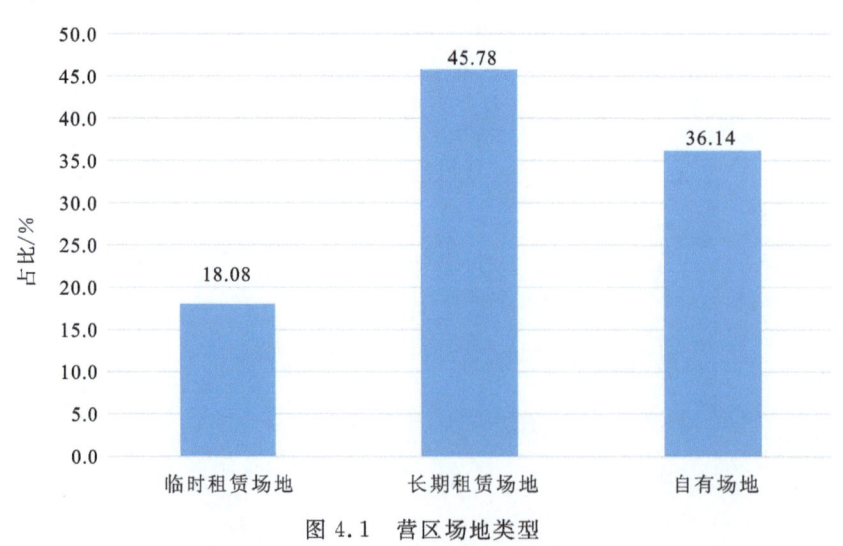

图4.1　营区场地类型

第四章　全国青少年户外营地管理现状

36.14%的营区场地属于自有场地,自有场地方便自身开展营地活动。18.08%的营区场地属于临时租赁场地,营地机构由于自身承接活动类型多、各类型活动客户群体不稳定等因素,选择临时租赁场地的方式最符合当下的发展状况,另外,有时为创新营地活动,现有的场地无法满足办营需要,选择去租赁其他短期场地较为合适。国内青少年户外营地机构营区场地以长期租赁场地和自有场地为主,说明目前我国青少年户外营地事业处于盈利增长稳定时期,绝大部分机构选择长期固定的场地用来开展营地工作。

二、营地机构规模

青少年户外营地的产能通常与营地的接待规模成正比,占地面积、住宿容纳量和餐厅数量都是营地接待规模评判的重要标准。从图4.2可以看出,目前国内可容纳300人次及以上的营地机构最多,占受调查机构的48%,可容纳200~300人次的机构约为9%,可容纳100~200人次的机构为24%,可容纳50~100人次的机构为19%。我国当前青少年户外营地的参与度高、行业市场需求大,国内有近一半的营地机构都建设了可同时容纳300人次及以上的场地设施,能够承接大规模的营地活动,具备一定的基础设施、管理人员配备和服务水平等,能够满足大众参与营地活动的需求,提供较为高质量的营地活动服务。

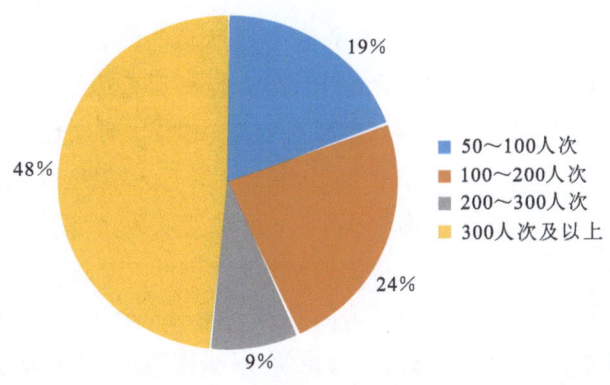

图 4.2　营地可容纳规模

三、营地机构业务范畴

(1)由图4.3可知,目前国内青少年营地机构开展活动类型多样化,从活动时间上来看,开设三天及以上营地活动的机构最多,占受调查机构的43.75%;开设两天一晚活动的机构占23.44%;开设一天活动的机构占27.34%;开设半天活动的机构最少,为5.47%。这说明营地机构还是以长时间的营地活动为主,以天为单位的活动居多,这有利于营地机构开展各类活动,形成较为系统的办营流程,提供更专业、更有趣、全面的营地活动,使参营人员的活动体验更为丰富,整体流程完整且具有科学性。当前国内市场客户需求量大,青少年户外营地机构多,机构之间比的不仅是活动内容,更是从服务质量、产品多样化等多方面进行竞争,两天一晚和三天及以上的营地活动是国内大多数机构所选择的常规模式,国内营地机构赢利方向主要以冬、夏令营及节日营为主。不过,开展半天和一天活动的营地机构近年不断增长,主要原因在于：①研学市场的拓展，多数机构选择了开展一天或者半天时间来进行研学参观之类的活动；②疫情影响，疫情期间国内营地机构没有畏难退缩，而是开发了很多适时的产品类型，考虑到交通、地区之间的交叉会带来很多风险，营地机构选择了时间较短的营地活动，如环湖骑行、徒步等。

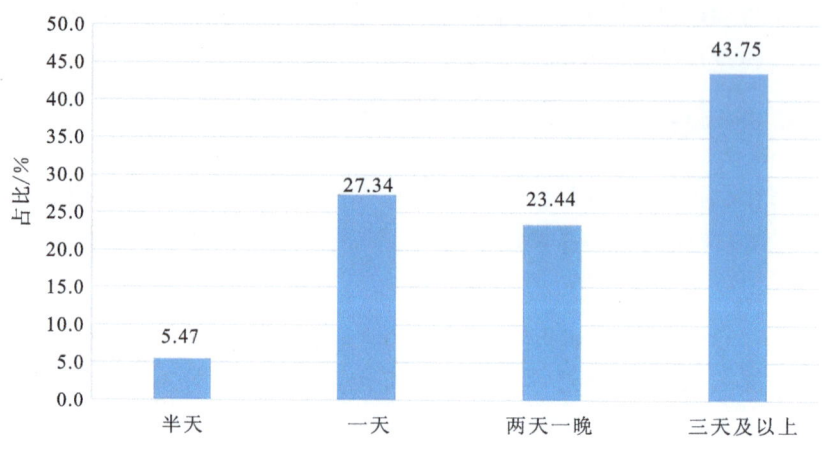

图 4.3　活动开展时间类型

（2）国家颁布了一系列大力发展青少年研学实践活动的政策，鼓励和支持各行业部门建立科普教育、研学等基地，开放实践课程和活动课程，提高科普服务能力，推动研学活动快速发展。当前国内多数青少年营地机构都与学校有合作，中小学研学也是青少年营地机构的主要业务之一（图 4.4）。要想把营地教育课程完全融入国内中小学，不仅需要政策的支持，而且要设计出一套科学系统的营地教育课程，确保营地教育的科学性和可行性。由问卷调查可知，90%的营地机构会针对毕业典礼、学校研学、班级团建、趣味运动会及亲子活动设置营地活动，这些活动是国内青少年营地机构赢利的重要板块之一。

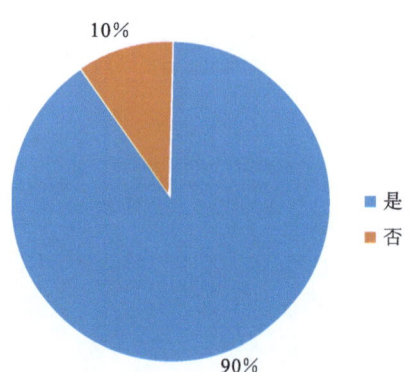

图 4.4　学校与营地机构合作情况

（3）国内青少年户外营地机构的赢利模式主要还是以营地课程培训团建和售卖为主，依靠政府政策引导资金扶持的较少，也有营地机构在行业淡季的时候选择将场地出租给其他机构、部门以维持公司运转，由统计数据发现，赛事活动举办在国内青少年营地机构的业务范围内占比较大（图4.5）。从以往的单纯开展冬、夏令营拓展到形式多样的营地活动，说明我国青少年户外营地在高速发展的同时还在不断改革创新，青少年户外营地不能照搬国外的系统也不能只停留在以往的陈旧体系当中，要不断地开拓创新，才有助于青少年户外营地科学和可持续地发展。

第四章 全国青少年户外营地管理现状

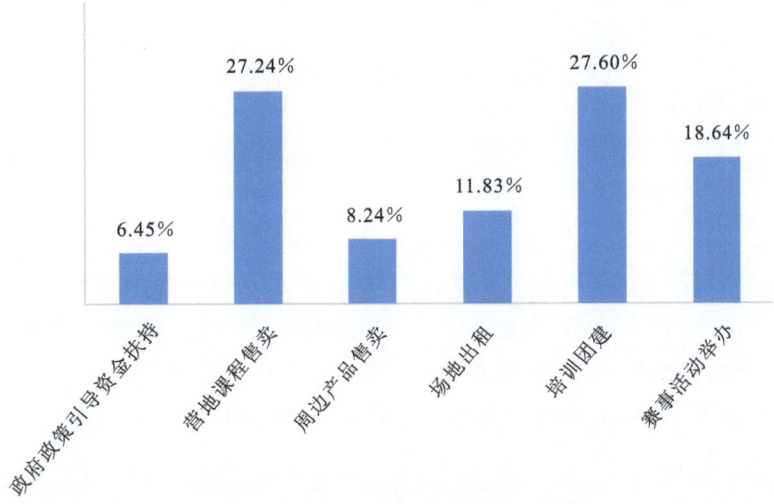

图 4.5 营地机构主要赢利点

（4）营地机构承办的活动中，数量最多的是主题活动营，在受访对象中高达 89 个，其次是夏令营(86 个)、周末营(79 个)、冬令营(76 个)、休闲体验活动(69 个)、趣味运动会(65 个)、班级团建(63 个)、毕业典礼(46 个)，数量较少的是百日誓师(18 个)和其他(16 个)，如图 4.6 所示。以具备营地机构特色的主题活动营为主，既能充分发挥自身优势，营造氛围浓厚、环节有趣的主题活动，又能打造自身名片，以特色活动营扩大整体营地的宣传效果，这类主题活动营利于开展，办营主题新鲜感强、创新性大，且利于长期承办，是营地机构多为选择承办的类型。除此之外，冬、夏令营作为季节性营地活动，与青少年假期相吻合，此类活动开展稳定且有一定的发展经验借鉴，也是中小型营地机构承办活动的主要类型。总体来看，各类型的营地活动都有营地机构承办，营地活动已不再是较为单一的类型，而是不断向多主题、多形式、多内容发展，整体发展的综合性不断加强。

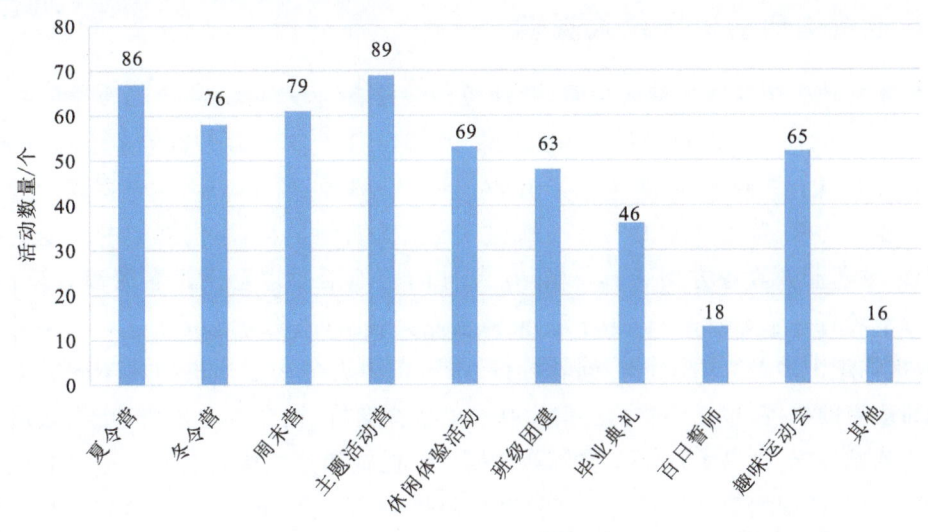

图 4.6 营地机构承办营地活动的形式

第二节　资金特征

一、营地机构运营资金来源

营地机构在运营过程中脱离不了外界的支持,在众多支持来源中,社会活动支持(如营地中国授牌、企业赞助等)数量最多,占比35.42%;并列第二位的是政府基础设施配套扶持(如修建道路、划分土地、修建场地等)和体育部门奖补支持、社会活动支持,皆为16.67%;其他部门支持(自然资源部、应急救援部等)、文旅部门奖补支持分别为13.02%和11.98%(图4.7)。总体来看,营地机构受到了外界的一定支持,除社会活动支持外,体育部门和文旅部门等政府机构都对营地机构辅以一定的奖补措施。

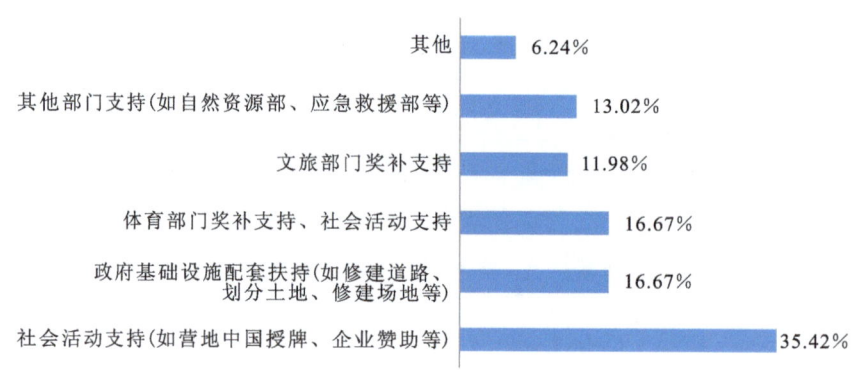

图4.7　营地机构运营资金来源占比

二、营地机构启动资金投入规模

从青少年营地机构的资金特征来看,营地机构根据各自发展需要,启动资金的投入规模会有差异,100万元及以下的资金投入占比最多,为34.41%;100万~300万元、300万~500万元和500万元以上的分别占25.81%、13.97%和25.81%(图4.8)。这说明现阶段营地机构发展规模较为均衡,各个资金投入水平都有一定量的营地机构,不同规模的营地机构在承接活动项目、主营业务等各方面各具优势,所承办的营地活动也会满足各阶段人群的需求。目前国内像秦岭行一营地投资7000万元,湘潭盘龙大观园投资25亿元的这种大型营地机构较少,营地机构绝大多数为中小型。问卷数据统计,国内大中小营地机构在不同程度上都得到了社会和政府的扶持,包括中登协挂牌宣传、IP品牌支持、社会企业出资建设、政府部门修建营地周边基础设施、批准土地开发,等等,数据显示也有部分机构未受到社会或者政府部门的扶持,仅靠自身的原始资金发展。对于这类营地机构,建议多加强与外界信息沟通交流,打造特色品牌吸引社会和政府部门的支持从而拓宽自己的销售面和知名度。

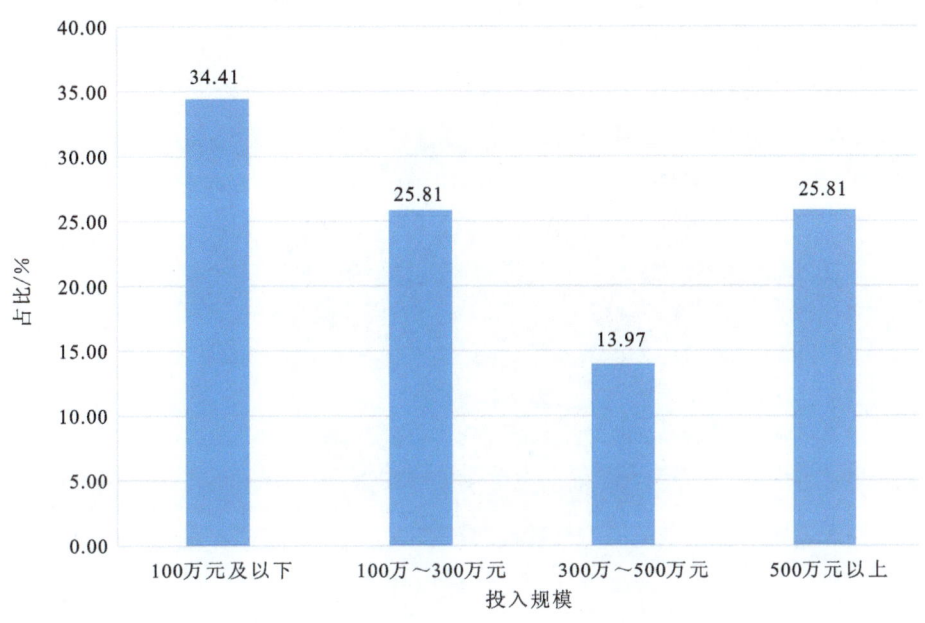

图 4.8　营地机构启动资金投入规模占比

第三节　员工特征

一、营地从业人员基本状况

(一)基本信息

本次调查收集了营地从业人员在性别比例、年龄分布两方面的基本信息。

1. 性别

在性别方面,目前营地从业人员主体为男性,占比74%,女性仅占比26%(图4.9)。男女间存在显著的数量差距,主要由多个因素决定。第一,户外营地行业现有的产品主要以多日活动为主,活动通常从早持续到营员入睡为止。在活动进行过程中需要时刻关注营员,连续工作时间长,且需要时刻保持一定的专注度,对体能有较高要求,男性相较于女性更有优势。第二,户外营地环境参差不齐,工作环境相较于城市环境更为艰苦,男性对环境的适应能力相对高于女性。第三,户外营地课程体系常涉及户外运动技能,男性较之女性更容易掌握户外运动技能,且具备体能上的优势,在求职过程中更具竞争力。第四,高校将户外营地人才的培养课程设置在体育相关专业中,而体育专业长期存在男多女少的情况,自然女性户外营地人才相对较少。总体来看,在体能、环境适应、技能掌握和培养体系等方面,男性较之女性有一定优势或原本就存在性别比例不协调的情况,因此造成了营地从业者性别比例差异较大的情况。

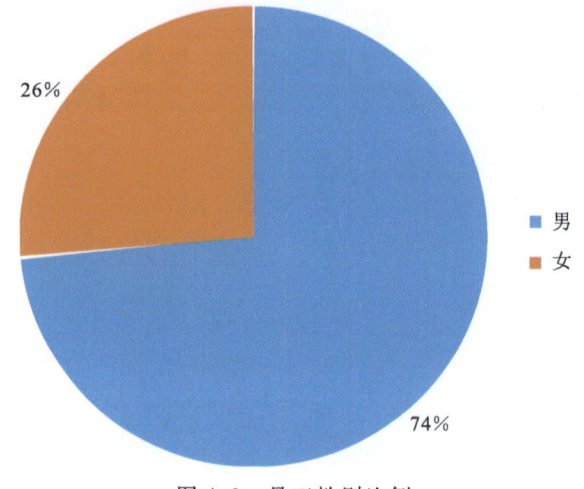

图 4.9　员工性别比例

2. 年龄

在年龄分布上,58%的营地从业人员年龄处于 18～26 岁区间,18%的营地从业人员年龄处于 26～34 岁区间,24%的营地从业人员年龄为 34 岁及以上(图 4.10)。随着年龄增长,年龄分布占比呈先降后升趋势,整体年龄结构以刚步入社会的年轻人为主。18～26 岁为年轻人接受高等教育的时间区间,这一年龄段的高占比正契合营地从业者多为兼职且普遍接受高等教育的特点。但在 26～34 岁区间,人数相对较少,表明随着年轻人毕业,真正选择进入户外营地行业的高校毕业生数量寥寥,一方面原因在于年轻人对自身就业喜好的选择,另一方面,户外营地行业目前尚处于发展阶段,行业尚不健全,各方面内容有待完善,尤其是户外营地机构多为中小企业,相对简单的公司架构与狭窄的晋升空间可能是高校人才进入户外营地行业的一大阻碍因素。

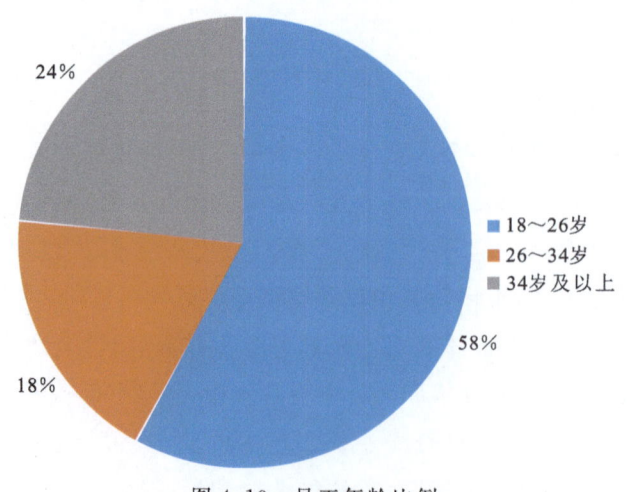

图 4.10　员工年龄比例

仅从数值上看,34 岁及以上的营地从业人员数量反而多于 26~34 岁的营地从业人员,但 34 岁及以上区间涵盖范围远大于 26~33 岁区间涵盖的年龄范围,因此在数值上 34 岁及以上的营地从业者数量更多。

(二)受教育背景

1. 最高学历

营地从业人员最高学历为本科者占大多数,占比 67%,其次为硕士研究生学历,占比 17%,大专学历占比 15%(图 4.11)。这意味着营地从业人员基本均具备高等教育背景,有较好的知识与专业技能储备,具备较强的学习能力,能够满足持续推进户外运动营地向高质量发展的人才需求。目前国内营地市场尚处于快速发展期,为满足不同客户的需求,设计不同主题与内容、针对不同人群、有机结合多种教学方法的优质户外营地活动课程极为必要,具备较高的学历背景是保障活动课程策划质量的有利条件。在营地活动开展过程中,具备高学历教育背景的从业者能够合理运用教育方法完善营地活动的实施过程,保证活动效果。此外,具备较高学历的营地从业人员对新理念、新方法等新内容的接受能力更强,有助于营地活动质量的提升。总体来看,目前营地从业人员普遍具备较高的最高学历背景,这得益于国家在高等教育事业上的成功布局基础。

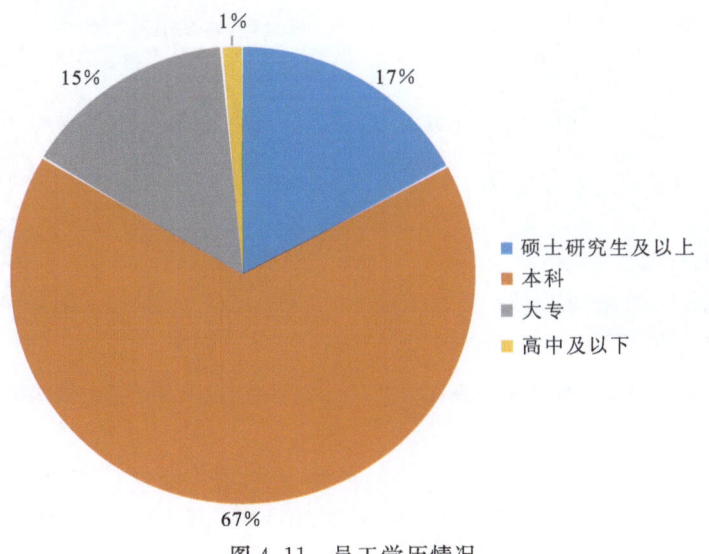

图 4.11 员工学历情况

2. 从业资质

调查显示,68% 的营地从业人员具备营地从业相关资质,32% 的营地从业人员不具备营地从业相关资质(图 4.12)。不具备营地从业相关资质的人员比例低于兼职人员比例(见图 4.17,兼职人员占比为 63%),表明部分兼职人员同样具备营地从业相关资质。而尚未取得营地从业相关资质的原因主要有以下几项:第一,高校在读学生的毕业就业倾向不为营地相关行业,部分高校在读学生仅将参与营地活动作为获得实践经历、赚取薪资、了解营地行业等目的的途径,并没有在户外营地行业深耕的意向,不将获得户外营地从业相关资质作为必须项;第二,受限于时间或经济问题,营地从业人员对获取营地从业相关资质持谨慎考虑态度。整体上,由于营地从业人员中存在大量兼职性质的从业者,人员流动性相对较强,少部分从业者不具备资质较为正常,但总体上具备资质的从业者占多数比例,表明户外营地行业规范性较强。

3. 年培训次数

56%的营地从业者每年接受1～2次营地相关培训,22%的营地从业者每年参与3～4次培训,10%的营地从业者每年接受5次及以上培训,仅有12%的营地从业者不参与相关培训(图4.13)。培训次数调查结果表明,目前营地从业者学习提升意愿较为强烈,营地相关培训的参与热度较高。结合从业资质获得情况发现,部分未获得从业资质的营地从业者同样积极参与其他培训,表明获得从业资质与否并非从业的必须项,这部分营地从业人员更倾向于通过其他营地培训获得能力成长。目前从业人员的培训参与热情同样证明我国户外营地发展正不断增速,从业人员重视自身能力的培养提升,表明我国户外营地的巨大发展潜力。

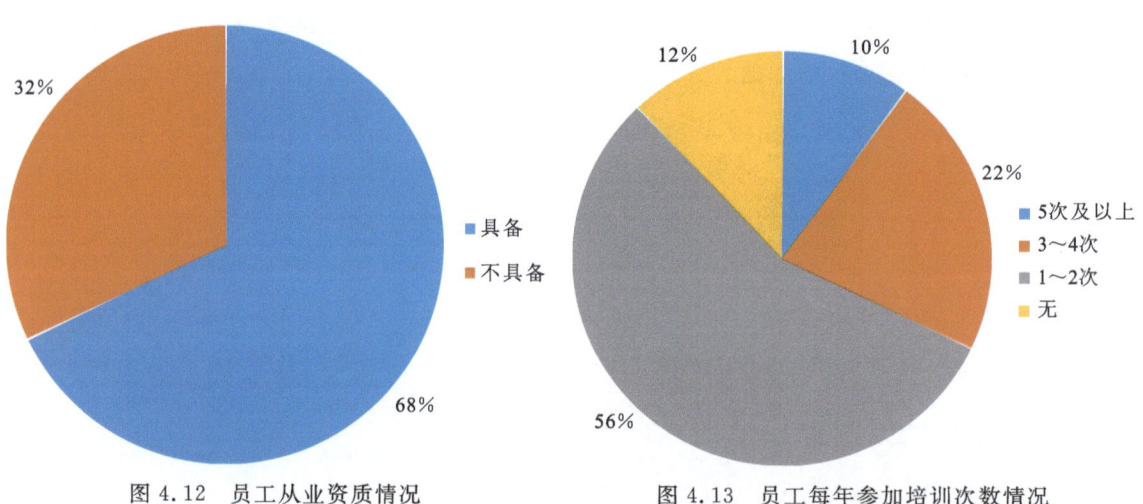

图 4.12 员工从业资质情况　　　　图 4.13 员工每年参加培训次数情况

依照中国登山协会培训部数据(图4.14),2016年起开始开设营地指导员、营地师资和营地管理人员相关从业资格培训。截至2022年底,中国登山协会共培养各类营地从业人员11 677人次,其中各级营地指导员5937人次、营地师资136人次、营地管理人员5604人次。2016—2022年,各类营地从业人员整体数量逐步增加。各类别中,营地指导员在2016—2019年间数量增加显著,2020—2022年培训人次仅小幅增长;营地师资仅在2016年与2017年培养136人次,后续不再增长;营地管理人员在2016—2019年培训人次较少,自2020年起培训人次增速显著。

整体上,营地从业人员培训人次数量逐年稳步上涨,培养人员类别由以培养营地指导员为主转向为以培养营地管理人员为主。

第四章 全国青少年户外营地管理现状

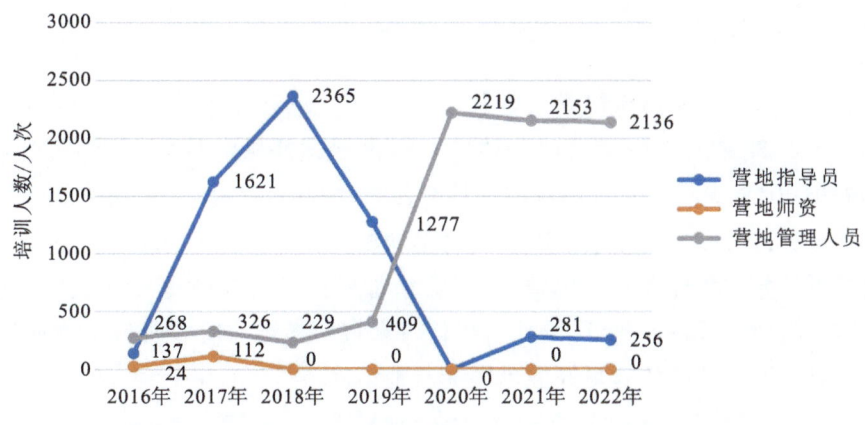

图 4.14 2016—2022 年各类营地从业人员培训状况图

第四节 营地管理体系

一、企业文化

营地机构在管理过程中,逐步建立企业文化才能彰显企业核心价值观,公司口号和宣传语是企业价值观最有效的表达方式。各种各样的口号和宣传语,以突出资源导向、强调活动导向、注重孩童导向为指引,目的在于更好地彰显营地机构的企业理念。问卷数据显示,81%的营地机构拥有自己的口号、宣传语等(图 4.15)。营地机构以阳光、开朗、向上的形象在大众心中留下印象,缺乏理念文化建设不利于营地机构的发展,在机构进行招生的过程中也很难吸引消费者,难以使消费者在短时间内提高对该营地的产品兴趣。因此,建议营地机构重视企业文化建设,打造具有自身特色的口号和宣传语。打造企业文化是营地机构建立品牌的一项系统工程,有助于扩大机构的影响力。在设计宣传口号时,应以打造企业文化的术语为基础,注意降低口号的文字难度,并避免使用晦涩的词汇。口号应该简洁,易于理解和识别,以吸引更多的人关注。

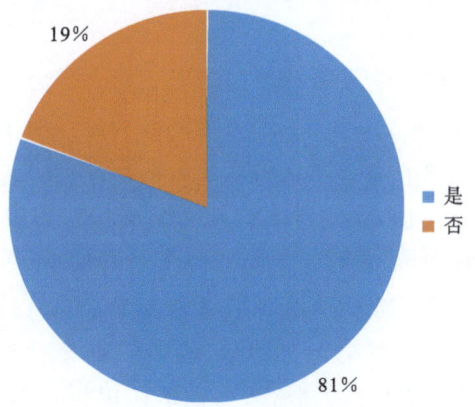

图 4.15 营地机构是否制定企业文化

二、课程设置要求

对营地机构是否根据年龄阶段设置课程内容并且严格执行展开调查,调查数据显示,国内 97% 的青少年户外营地机构在设计活动内容时都根据年龄阶段设置课程并且严格执行(图 4.16),说明我国青少年户外营地机构是具有前瞻性和科学性的。不同年龄段的营员糅合在一起开展营地项目时会出现年龄大的觉得简单幼稚导致参与度不高,年龄小的学员觉得内容较难而完成不了导致积极性不高的情况,还会增加带队教练在营地活动过程中的负担,最终导致营员体验度和家长评价偏低,给营地机构带来负面影响。所以营地机构在设计课程时一定要注意针对不同年龄段的营员开展不同的营地活动。

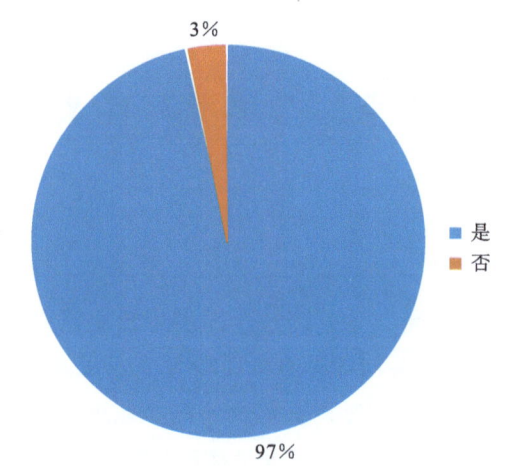

图 4.16 是否根据年龄阶段设置课程并且严格执行

三、营地从业人员从业现状

(一)岗位基本状况

1. 工作性质

调查结果显示,现阶段营地从业人员依然以兼职工作人员为主,占比 63%(图 4.17)。兼职从业者数量与全职从业者数量差异巨大,这由营地活动特点所决定。由于户外营地活动主要面向青少年,大多数户外营地活动选择在周末或假期开展,而正常工作日中活动数量较少,活动与活动之间存在一定的时间间隔。营地机构时刻维持较多数量的全职人员显然不利于营收,因此全职人员担任重要岗位,兼职人员担任任务相对简单、可替换性高的岗位是营地机构提升营收的适宜策略,也造成了兼职从业者数量远多于全职从业者数量的情况。无论是兼职还是全职的从业人员,都具备较好的教育背景,能够保障营地活动的顺利开展。但兼职从业人员流动性大,且相对缺乏教育经验,对教育方法的应用相对不熟练,这是导致营地活动效果不佳的潜在因素之一。

2. 从业年限

在从业年限上,从业 1 年以下的营地从业者占比 20%,从业 1~3 年的营地从业者占比最高,达到 40%,从业 3~5 年的营地从业者占比最少,为 11%,从业 5 年及以上的营地从业者占比 29%(图 4.18)。从业 1 年以下与 1~3 年的营地从业者占据大多数,可能基于以下原因。一方面,近年国家发布各类政策鼓励户外营地产业发展,户外露营等类型活动热度日益上涨,行业进入快速发展期,吸引大批人才进入户外营地行业,造成从业 3 年以下人员比例增加。另一方面,以高校学生为主力的兼职人员出于实践学习、赚取薪资等目的以兼职形式参与户外营地活动,但未在完成学业后深耕于户外营地行业,也导致低从业年限者数量居多的情况。

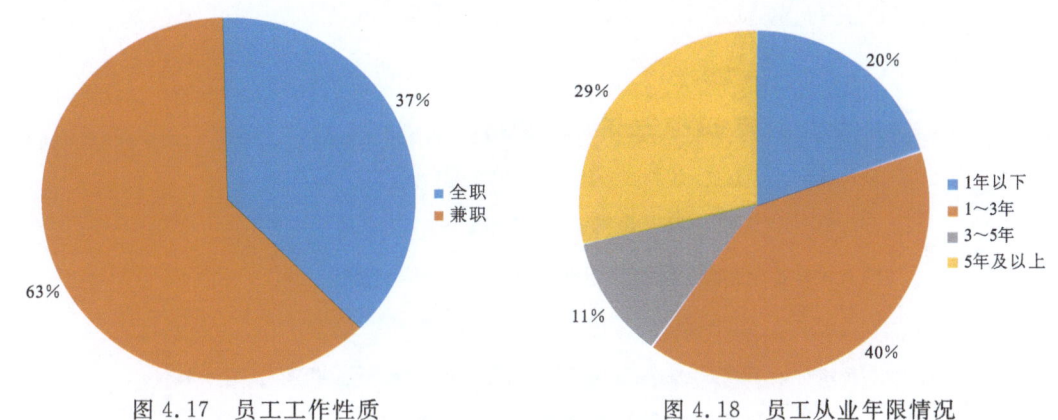

图 4.17 员工工作性质　　　　　图 4.18 员工从业年限情况

3. 单日薪资收入

在薪资收入上,单日薪资在 500 元及以上的营地从业者占比 15%,单日薪资在 301~500 元之间的营地从业者占比 14%,单日薪资在 150~300 元之间的营地从业者占比最高,达到 57%,单日薪资在 150 元以下的营地从业者占比 14%(图 4.19)。目前户外营地从业人员的单日薪资以 150~300 元为主。对薪资情况的满意度调查显示,超过半数营地从业者能够接受现有的薪资水平,且 19% 的营地从业者对目前的薪资水平持满意态度,但有 27% 的营地从业者对目前的薪资持不满意态度(图 4.20)。多数营地从业者对现有薪资水平持可接受或满意态度,表明现有薪资水平较为适宜。

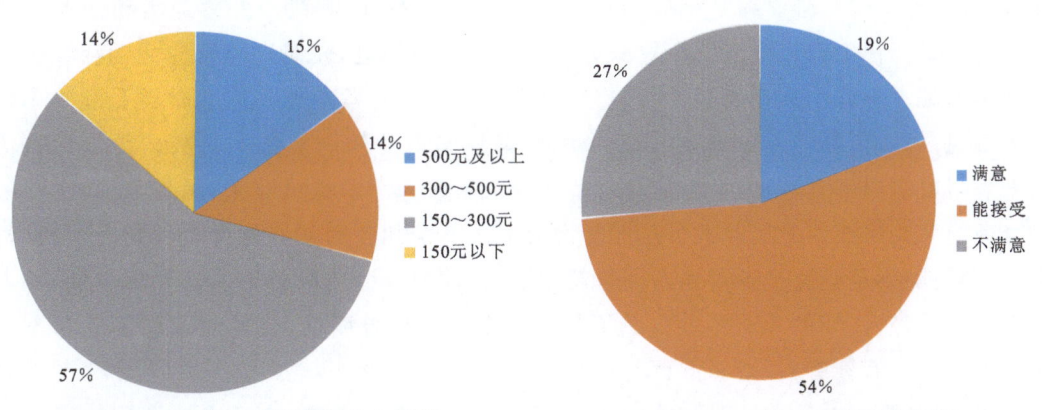

图 4.19 员工单日薪资收入情况　　　图 4.20 员工对薪资满意度

(二)个人发展

1. 活动开展的现有困难

依照调查结果,57%的受调查营地从业人员认为课程体系不完整,阻碍了营地活动的顺利开展。此外,招生宣传渠道单一(48%)、教练员专业知识储备不足(44%)、硬件设施缺乏(40%)、场地资源缺乏(39%)、营员配合度低(35%)、公司缺乏新理念与方法(29%)和后勤保障不足(26%)均不同程度被受调查的营地从业人员认为是影响营地活动顺利开展的因素之一(图 4.21)。

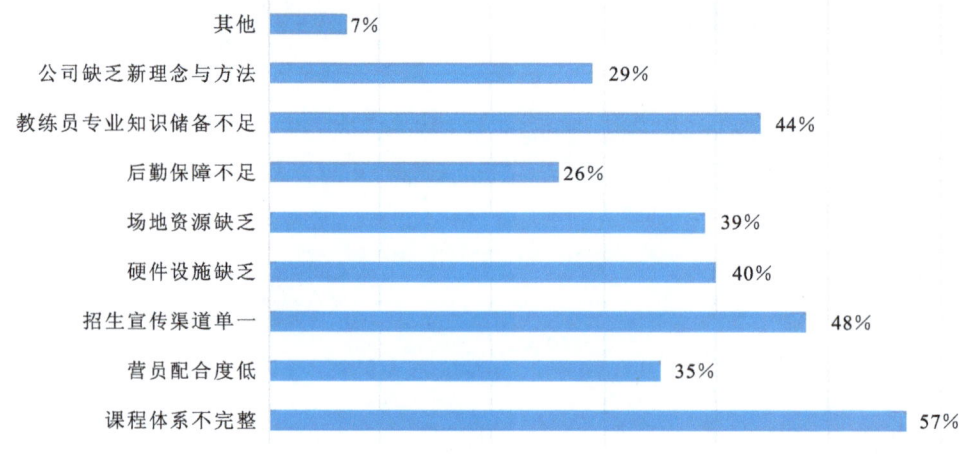

图 4.21 影响营地活动顺利开展的因素

课程体系不完整是当前户外营地活动开展所面临的最重要的问题,课程体系优质与否直接影响户外营地开展效果。现有的户外营地课程体系多借鉴国外相关课程体系或是自编课程,由地方协会或大型营地机构编制,不同机构所采用的课程体系差异较大,缺少统一规范。课程体系的开发和推广受到多个因素的限制,包括开发和推广单位的权威性、专业人才的能力,以及地方的独特性等,所编制的课程体系能否满足各地营地机构的实际需要尚存疑问。因此,政府管理单位有必要编制相应的户外营地课程体系,以规范户外营地活动的开展及保证活动的效果。招生宣传渠道单一被认为是第二重要的问题,表明户外营地活动存在一定程度的宣传困难。随着相关政策的不断出台,研学旅行与户外营地相关内容日益受到中小学与家长的重视,这一情况将逐步得到改善。此外,教练员专业知识储备不足被认为是导致营地活动开展困难的原因之一,这一方面与营地从业人员多为兼职人员有关,另一方面,也与缺乏科学合理的系统培训提升从业人员执业能力有关。其余几项因素如硬件设施缺乏、场地资源缺乏、后勤保障不足等属于各营地内部管理问题,目前户外营地尚处于快速发展时期,各方面内容有待完善,对实际的活动开展造成了阻碍。而营员配合度低、公司缺乏新理念与方法等则一方面与机构管理有关,另一方面与课程体系建设不完善、多学科知识尚未充分融入户外营地课程,以及从业人员在经验与能力上的不足有关。整体而言,户外营地课程体系标准的

第四章 全国青少年户外营地管理现状

建设贯穿户外营地的各个方面,直接或间接造成诸多活动开展困难,迫切需要由政府管理单位负责编制课程体系,保障户外营地活动的高质量开展和行业健康发展。

2. 专业能力提升方向

在专业能力提升方向上,受调查营地从业人员最重视的内容为沟通引导能力,占比79%,其次分别为心理学技巧(65%)、运营管理能力(58%)、营地活动组织能力(55%)、风险预防能力(55%)、教学技巧(54%)、商务洽谈能力(49%)、产品研发能力(48%)、户外运动技能(39%)和拍照技术(37%),其他方面能力仅占3%(图4.22)。

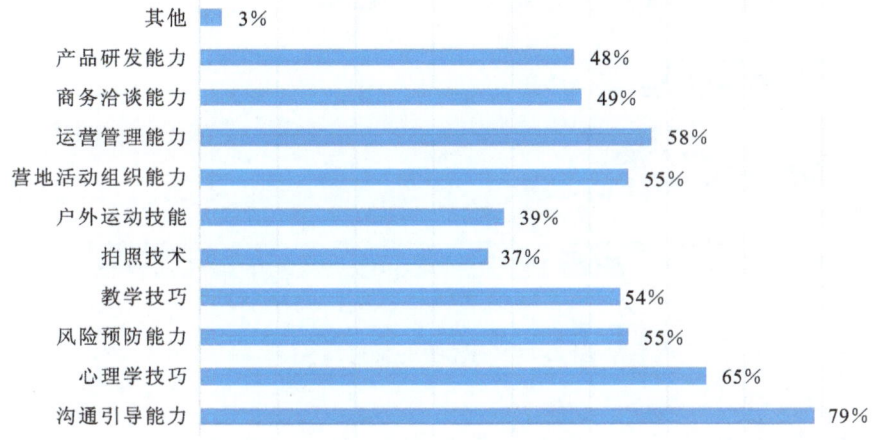

图4.22 员工期望专业能力提升方向

营地从业人员普遍期望提升沟通引导能力和心理学技巧这两方面的专业能力,契合户外营地主要教育对象的特点,即青少年群体尚处心理与生理的发展阶段。由于青少年尚未发育完全,通过较好的沟通引导能力和适当的心理学技巧,能够较为显著地提升营地活动的开展质量,促进户外营地学员获得深层次收益。运营管理能力、营地活动组织能力、风险预防能力、教学技巧、商务洽谈能力和产品研发能力需求程度相近,处于上述两项能力之后。从内容上看,商务洽谈能力、产品研发能力、运营管理能力和风险预防能力侧重于营地与产品的运营管理,营地活动组织能力与教学技巧侧重于活动实施,这些方面均受到营地从业人员的较高重视。此外,拍照技术与户外运动技能的提升需求最低,两者均为已体系化的具体技术,学习掌握相对简单,且对深化学员活动效果的作用并不显著。总体上,营地就业人员专业能力提升方向聚焦于沟通教学能力,其次为营地与产品的运营管理,具体技术能力的提升需求最低。

3. 个人提升渠道

目前营地从业人员主要选择通过中国登山协会(简称中登协)提升个人能力,占比74%,其次选择营地协会(51%),文旅部门(21%)和民间组织(23%)也是营地从业人员能力提升的选择渠道,此外少部分营地从业者还会通过其他渠道(14%)实现个人提升(图4.23)。由于户外营地与研学、旅行等活动在部分内容上相互重叠,在提升途径方面,部分营地从业人员的选择范围较大,文旅部门、民间组织、营地协会都具备一定指导能力。此外,也有部分从业人员会通过书籍阅读、收集网络资料等其他方式帮助个人能力提升。整体上,中国登山协会是营地从业人员个人提升的主要渠道,营地协会、文旅部门、民间组织为次要渠道,其他个人学习途径为补充方法。

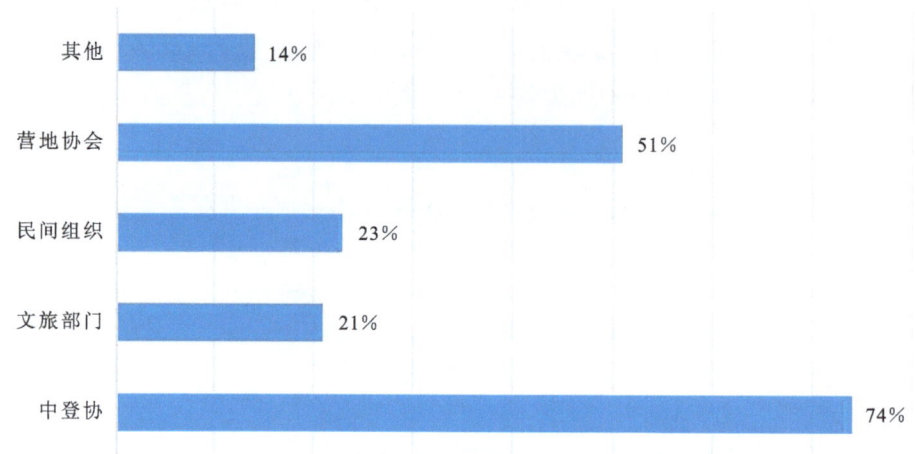

图 4.23　员工提升渠道

四、宣传推广模式

问卷数据统计,我国各营地机构在营地活动宣传方面基本采用自媒体宣传模式,主要以抖音、小红书等为主建立私域流量(图 4.24),因其内容呈现形式丰富多样,可采取文字、图片、短视频等方式。其次是利用社交网络,通过建立微信群、QQ 群发送相关营地课程,拓展销售圈从而吸引消费者的注意力,通过相互转发的形式让更多人能看到营地的相关信息,同时采用第三方机构进行宣传,利用相关文旅社等也是营地机构进行产品宣传的主要途径。现如今,传统媒体平台因内容审核严肃谨慎,费时费力,已经很少用于此类公司的宣传与推广。在数据安全有保障的条件下,绝大多数营地机构希望能得到中国登山协会的官方支持,将自己营地主营的产品在行业官方平台上进行展示与销售,利用官方平台的影响力推广自己营地机构的产品,希望通过行业官方平台增加同业/异业资源交流、促成在线交易、拓展渠道流量资源、进行国内/国际交流,等等。

五、合作运营

调查数据显示,当前国内青少年户外营地机构之间保持着良好的发展合作模式,并没有出现恶性竞争的现象。全国不同的机构、组织、企业在营地教育中产生了共鸣,共同投入资金、技术和人力,达成资源互补、合作共赢,联合开发营地教育系列课程,创新发展模式,呈现出正向发展态势,机构之间保持紧密联系、互通有无,打造绿色健康的户外营地市场,对整个

第四章 全国青少年户外营地管理现状

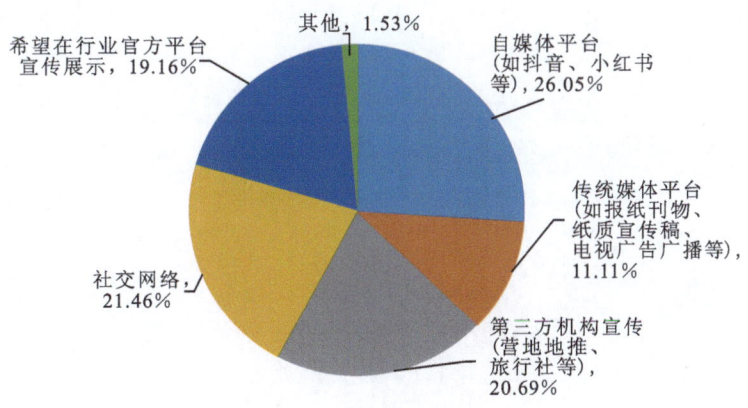

图 4.24 营地机构产品宣传方式

青少年户外营地行业发展起到了至关重要的作用,建议未来机构之间继续保持交流合作的形式,相互成长、共同进步,将机构之间的部分合作和少量合作转变为紧密合作(图 4.25)。

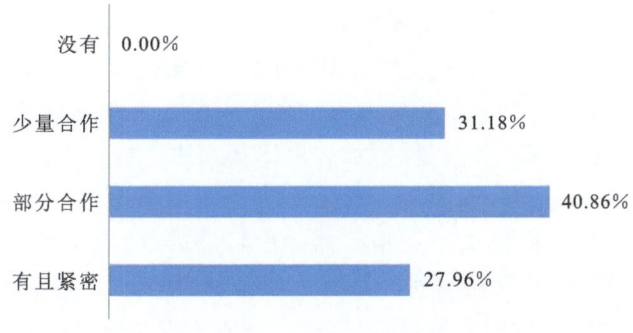

图 4.25 机构间合作联系情况

六、营地机构服务水平

(一)营地产品更新周期

国内青少年户外营地不断坚持创新营地产品,开发新兴课程,使消费者体验不同的营地活动。调查数据显示,32%的营地机构选择每两个月更新营地产品,39%的机构选择 3 个月为更新周期,19%的机构选择 6 个月为更新周期(图 4.26)。

快速更新课程、开发新课程才能在市场上脱颖而出,是营地机构在行业市场中提高竞争力的主要手段,但需要注意的是保持节奏,如果只是盲目地开发新课程,没有属于自己的品牌课程或者核心体系,会造成随波逐流现象,不能形成自己的完整体系。如果长时间不更新课程,只依赖以往的经验和老版的课程,会使得机构陷入闭门造车的境地,跟不上行业发展的潮流,吸引不了消费者,不利于营地机构的发展。

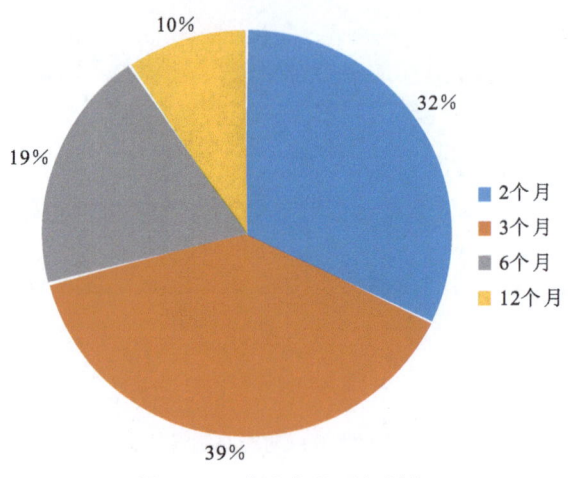

图 4.26 营地产品更新周期

(二)营地设施全面检修周期

青少年户外营地内的各种设施、器材属于营地活动的硬件部分,在运营过程中设施、器材会受到雨水的腐蚀,平时的使用也会导致其磨损变形,不可重复使用的道具会发生消耗。设施器材的陈旧老化耗损,跟不上课程的更新步伐,所以对营地硬件设施的管理维护是青少年户外营地的重要内容,也是提高服务质量、增加客户体验感的重要环节。

目前国内青少年户外营地机构选择每 3 个月和 6 个月对营地基础设施进行一次全面检修的均为 35.03%,15.26% 的机构选择一年检修一次,7.53% 的机构选择 18 个月检修一次(图 4.27)。问卷显示,这里的全面检修指的是对大型器材、楼房、绿化等设施的检修,像基础技术装备、活动道具攀岩墙、高空绳索等项目设施,所有机构都会每日每周进行加强维护。

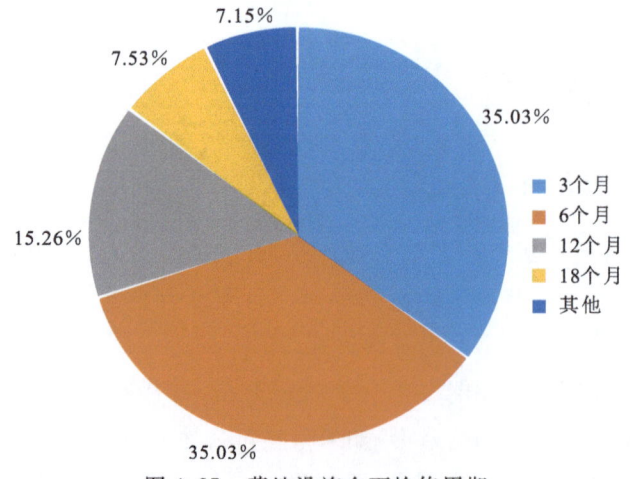

图 4.27 营地设施全面检修周期

(三)消费者考虑要素

我国青少年户外营地行业是一个服务型行业,如何消除消费者在选择营地机构时所产生的顾虑是青少年户外营地机构经营过程中需要着重注意的问题。数据统计发现,16.30%的消费者在选择营地机构的时候最在乎的是营地机构对安全风险的把控,15.75%的消费者把课程内容安排是否合理当作选择营地机构的重点,后面依次是课程质量(14.29%)、课程价格(13.00%)、师资能力(12.82%)、课程地点(9.34%)、课程时长(8.42%)和活动人数(8.42%);还有在其他选项里填写的交通、营地环境、项目多场地大、机构的经验和资质(1.65%)也是消费者在选择营地机构时所考虑到的因素(图4.28)。结合以上因素认为,营地机构在开发课程的时候需要从消费者的角度出发设置一系列课程,在保证产品特色、质量、新颖的前提下主动去迎合消费者的喜好,才能广泛地被大众消费者所接受,营地机构才能在青少年户外营地市场里脱颖而出。

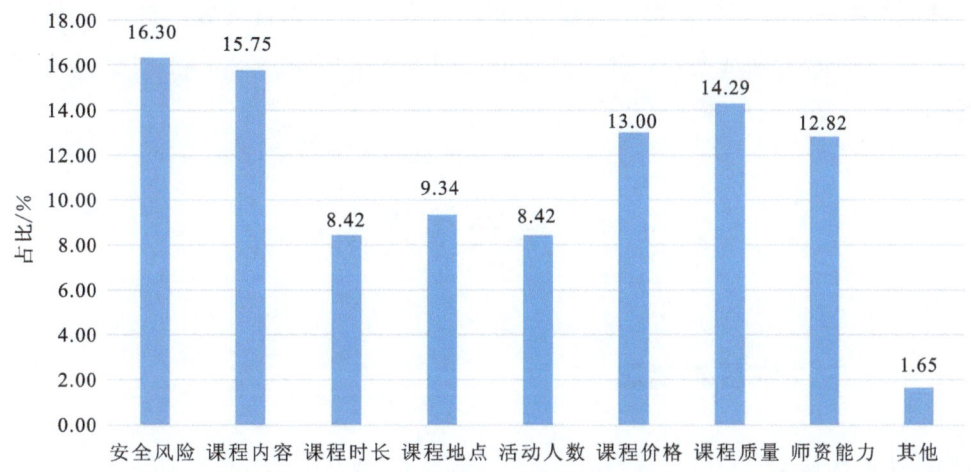

图 4.28 消费者考虑因素

调查数据显示,国内100%的营地机构在活动结束后都会收集营员或者家长的反馈,这一举措有利于青少年户外营地机构不断成长、改进营地设施和发现课程不足之处并及时优化。

第五章　全国青少年户外营地客户群体现状

青少年户外营地是青少年教育、假期托管、研学旅行的重要阵地,本章从机构客户特征、大众客户特征和案例分析3个方面进行概况说明,旨在了解户外营地客户群体的基本情况、需求认知等,以提高户外营地客户群体的识别能力和服务水平(数据来源于问卷调查,其中机构客户有效问卷73份,大众客户有效问卷559份)。

第一节　机构客户特征

一、机构客户群体基本情况

(一)机构承接情况

中小学是青少年户外营地的重要客户团体,调查显示,承接过中小学营地活动的青少年户外机构占总数的89.04%,仅有10.96%的青少年户外营地机构没有涉及这一方面的业务(图5.1)。现如今,随着国家《关于进一步减轻义务教育阶段学生作业负担和校外培训负担的意见》的出台,中小学学生群体释放出更多的时间和精力去参与户外活动,并且随着国际化开放程度的不断提高,我国中小学学生家长在教育理念上也产生很大的转变,教育认知得到提升,更加重视对青少年群体综合素质的培养,而营地活动这类体验式学习方式深受家长的喜爱。政策的推动和家长认知的转变给了营地机构新的发展契机,为营地机构带来了巨大的客户群体。

(二)机构客户主要年龄段情况

当前我国青少年户外营地机构主要服务人群年龄分布如图5.2所示,占比最大的是7~15岁年龄段,占45%,该年龄段处于小学初中阶段,学习压力小,家长普遍愿意送孩子参加营地活动,除了增长见识外还能锻炼孩子的独立能力及人际交往能力,这一年龄段人群还涉及研学旅游等学校组织参与的营地活动,因此占比最大。其次是7岁及以下年龄段,占比28%,

第五章　全国青少年户外营地客户群体现状

该年龄段人群大脑及神经系统处于发育阶段,这一时期的儿童有较大的可塑性,家长们希望孩子能更好地融入社会生活,陌生的环境与新伙伴有助于儿童心理的健康发展,同时为入学做好准备;营地机构还推出了亲子项目,父母陪同孩子一起参加营地活动可以让父母与孩子切身感受到营地活动的乐趣,尤其是亲子互动的乐趣。15~18岁这一年龄段的参与人数最少,原因是这一阶段的孩子都处于高中学习阶段,学业压力导致他们没有时间参与其他活动,而且这部分孩子处于青春期,懵懂阶段会比较排斥和抗拒这类集体项目,所以导致参与人数是最少的。18岁以上占比15%,是因为该年龄段孩子处于大学期间,自由支配的时间多了,开始参与班级团建、社团活动等户外营地项目,所以会比15~18岁年龄段的参与人数多一些。因此,我国青少年户外营地的主要服务对象是7岁及以下和7~15岁年龄段人群。

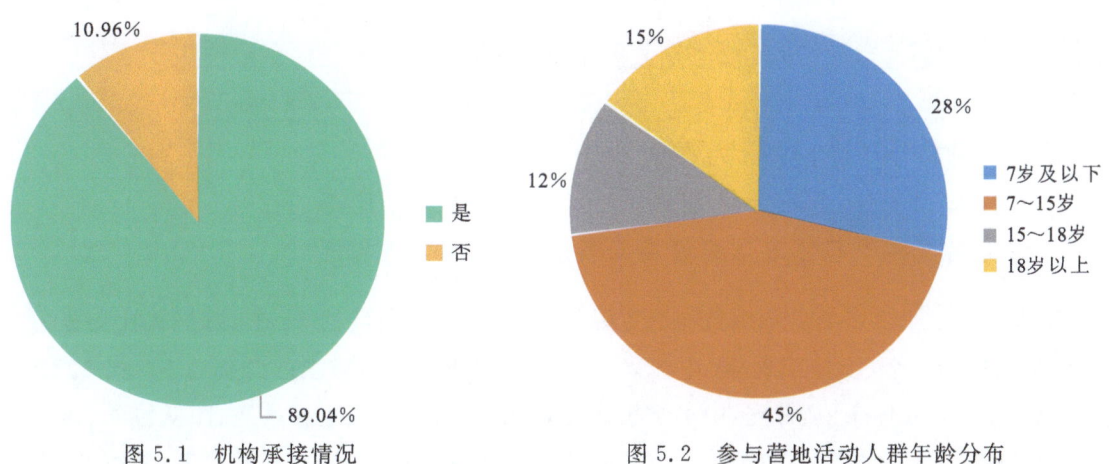

图 5.1　机构承接情况　　　　图 5.2　参与营地活动人群年龄分布

(三)机构客户类型

机构客户类型包括公办学校、私立学校、托管机构和素质培训教育机构。在统计数据中,营地承接机构客户中以素质培训教育机构数量最多,为53个,公办学校和私立学校位列第二第三,分别为51个和48个,最少的是托管机构,数量是37个(图5.3)。素质培训教育机构是通过学习方法的指导、学习兴趣的培养,运用实践的方式让学生全面发展,这类教育机构旨在打造最先进的教育理念,更为关注学生的体验式学习,从动手实践过程中领会道理、学习人际关系处理,这就为与营地机构之间的合作提供了便利。此外,营地机构对学校团队客户的承接类型并不是单一的,诸多营地机构承接3~4种类型的学校,凸显出较强的综合能力,也从侧面反映出诸多学校皆注重中小学生的素质培养,会选择营地活动提高他们的综合素质能力。但也有少量营地机构仅针对单一类型开展营地活动,可能是因为机构刚处于起步阶段、业务开展较少、针对性较强。

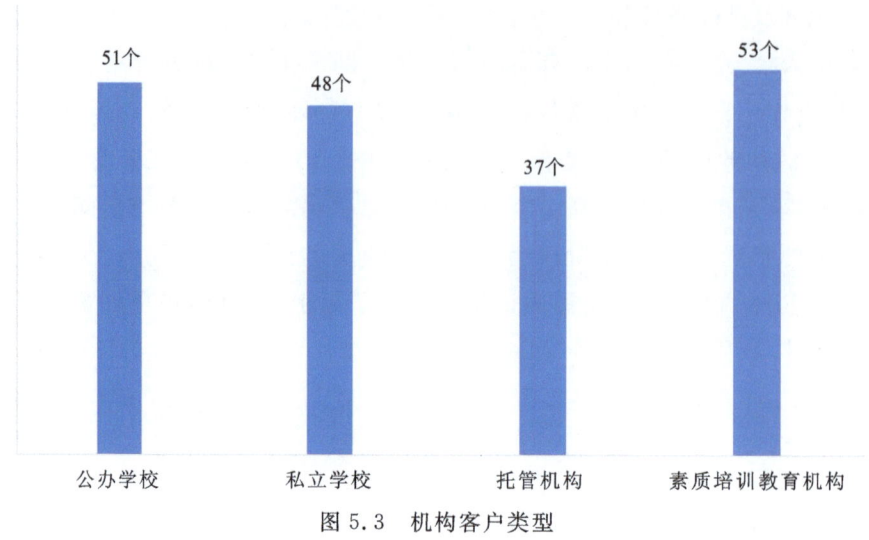

图 5.3　机构客户类型

二、机构客户消费行为情况

(一)机构客户参与营地活动的需求情况

绝大多数中小学以学习知识技能为主要需求,这部分学校高达 68 个,以提高社交能力为主要需求的为 55 个,以休闲娱乐、培养兴趣爱好和其他为主要需求的分别为 54 个、52 个和 11 个(图 5.4)。总体来说,首先,中小学想通过营地活动,学习到生存技巧、团队协作、体育运动、创新思维、地理历史学科知识等全方位的知识技能,提高个人综合素质水平;其次,除学习知识技能外,中小学对提高社交能力、参加休闲娱乐活动和培养兴趣爱好都非常重视,像营地活动中的篝火晚会、游戏竞赛、户外休闲运动等都能放松学生们的身心,缓解疲惫感,重新激发良好的生活状态;此外,营地有诸多充满趣味性、教育性,学生在学校里无法接触的活动,这些活动能够鼓励学生尝试新事物并培养他们的兴趣爱好。

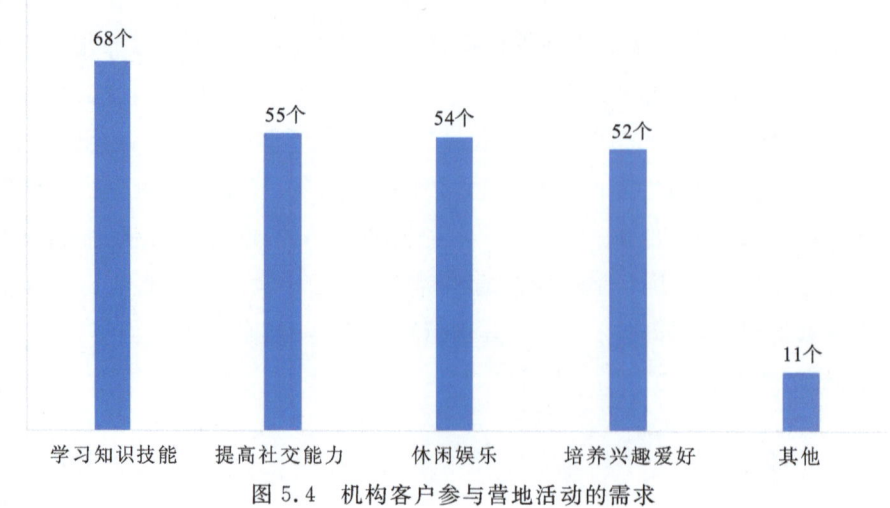

图 5.4　机构客户参与营地活动的需求

(二)机构客户合作考虑因素

机构客户合作考虑的因素包括安全风险、课程内容、课程时长、课程地点、活动人数、课程价格、课程质量、师资能力等。在受调查学校团队中,以安全风险为合作考虑因素的数量最多,有 69 个;以课程内容、课程质量为合作考虑因素的分别为 66 个、62 个;以课程价格、师资能力为合作考虑因素的分别为 56 个、54 个;以课程地点、课程时长、活动人数为合作考虑因素的分别为 40 个、37 个、36 个(图 5.5)。营地机构的课程内容应遵循课程理论所确定的学校课程目标和各级各类课程的具体目标及要求。课程内容的创新力、吸引力和丰富程度与课程质量、师资能力、课程价格相互影响,彰显了课程内容较强的价值属性。课程地点、课程时长、活动人数因素关注个数较少,可能是目前营地机构大多起步较晚,重点宣传还在以课程内容、安全为主体,中小学目前也主要关注安全、内容、师资,并未对其他的影响因素进行细究。随着营地机构的进一步发展、开展业务的增多,学校选择营地机构合作时进行的评估要素会更多。

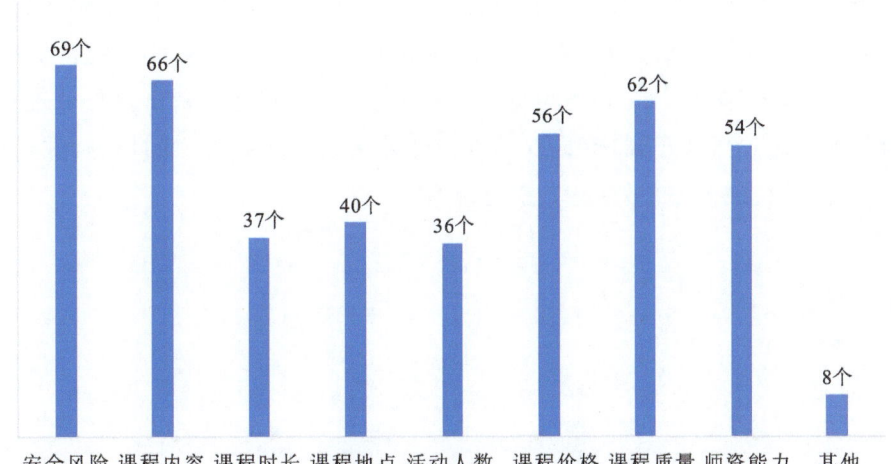

图 5.5 机构客户合作考虑因素

第二节 大众客户特征

一、大众客户的基本情况

(一)大众客户的性别情况

营地机构客户群体中大众客户性别情况数据如图 5.6 所示,男性占比 26.42%,女性占比 72.58%。由此可见,对于中小学参与营地活动,学生母亲的关注度更高。

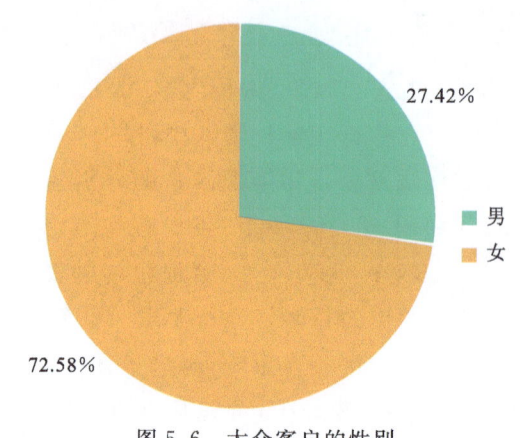

图 5.6　大众客户的性别

(二)大众客户年龄分布情况

数据调查显示,大众客户占比最高的人群出生于 1980—1989 年,占比 53.94%,其次为 1970—1979 年,占比 38.71%。而出生于 1970 年之前和 1990 年之后的人群占比较低,分别占比 2.33% 和 5.02%(图 5.7)。由此可见,参与青少年户外营地的营员家长呈现年轻化,较为年轻的营员家长思想更为开阔,更重视学生的课外活动和实践能力的培养,鼓励他们参与喜爱的营地活动,支持他们去户外探索、亲近自然。

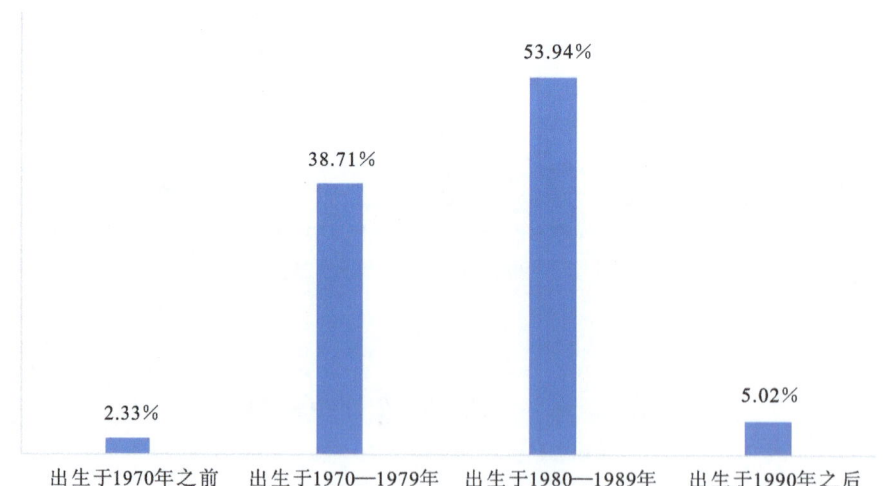

图 5.7　大众客户年龄分布

(三)大众客户的职业情况

在所有客户的职业中,职业为学校教师的人数最多,占比 28%,其他依次为自主创业(19%)、事业单位(18%)、私企(16%)、国企(10%)、公务员(5%)、其他(4%)(图 5.8)。可见,

第五章 全国青少年户外营地客户群体现状

从事教育行业和事业单位的人员更支持营员参与各类营地活动,更注重他们在户外教育方面的培养。

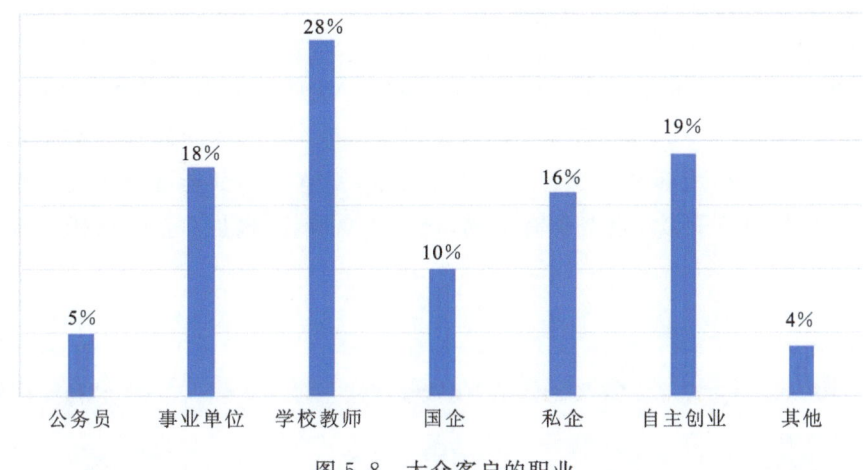

图 5.8 大众客户的职业

(四)大众客户的家庭月收入情况

超过一半的客户家庭平均月收入在 5000～9999 元,占总数量的 61.12%,17.20% 的家庭平均月收入在 10 000～14 999 元,10.57% 的家庭平均月收入在 15 000～19 999 元,11.11% 的家庭平均月收入在 20 000 元及以上(图 5.9)。由此可见,营地机构面对的这部分营员群体中,客户的收入水平多数达到中产阶级水平,基本可以满足孩子参与营地活动的需求,这就便于营地机构开展各类活动。同时,营地机构应根据不同阶层的受众,设置不同水平的营地活动,满足各个阶层的需求。

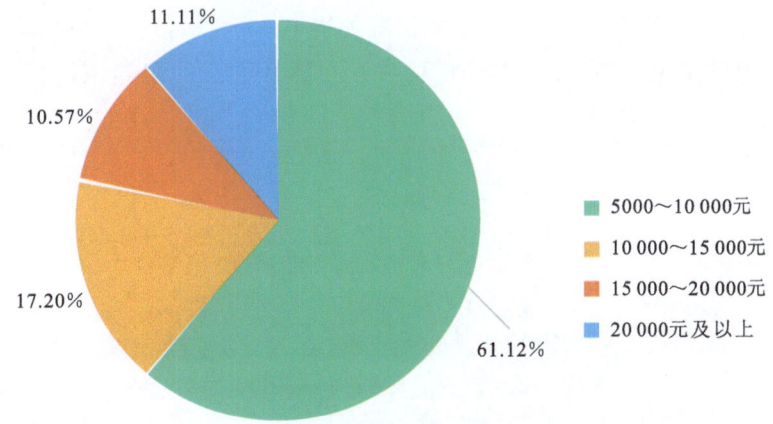

图 5.9 大众客户的家庭平均月收入

二、大众客户的消费行为

(一)大众客户对体育的热爱情况

调查数据显示,26.70%的客户非常热爱体育运动,40.86%的客户热爱体育运动,31.72%的客户对体育运动一般热爱,0.54%的客户不热爱体育运动,0.18%的客户非常不热爱体育运动(图5.10)。由此可见,大部分客户自身热爱体育运动,这一方面能潜移默化地影响自己的孩子,另一方面有支持孩子参加各类体育活动,达到强身健体、增加自信等目标的意识。

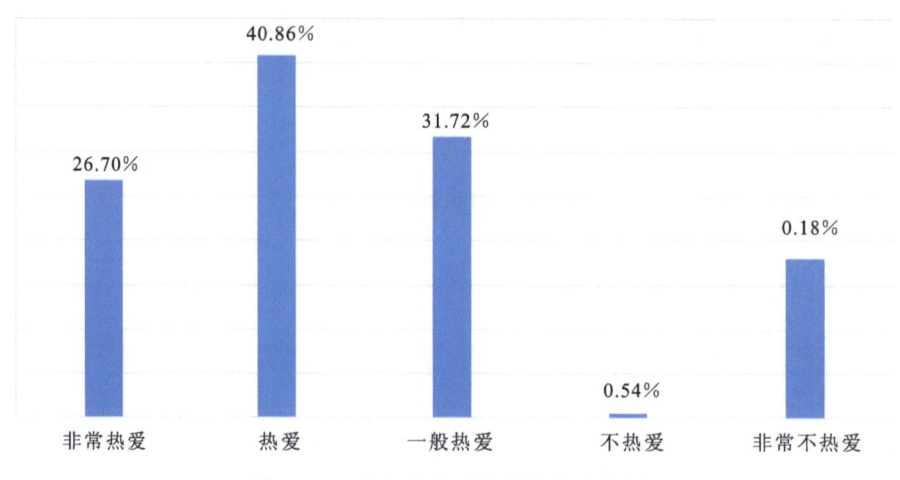

图5.10 大众客户对体育的热爱情况

(二)大众客户支持营员参与体育活动的情况

大众客户群体支持孩子参与体育活动的情况如图5.11所示,100%的大众客户支持营员参加体育活动。由此可见,大众客户十分重视孩子在体育方面的培养,对孩子参与各类青少年户外营地活动也十分支持。

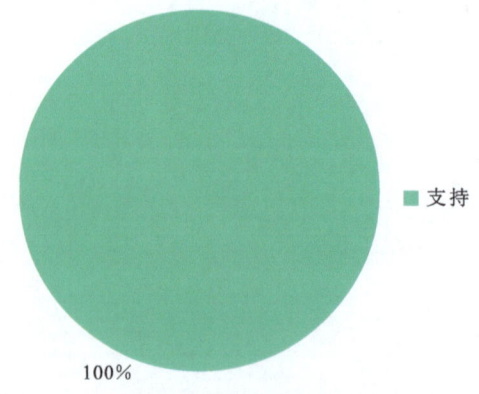

图5.11 大众客户支持孩子参与体育活动情况

第五章　全国青少年户外营地客户群体现状

(三)大众客户认为营员参与营地体育对学习的影响情况

数据显示,94.62%的大众客户认为参加体育活动不影响营员的文化学习,5.38%的大众客户认为参加体育活动影响营员的文化学习(图 5.12)。由此可见,绝大多数客户认为孩子参加营地活动不会影响营员的文化学习。

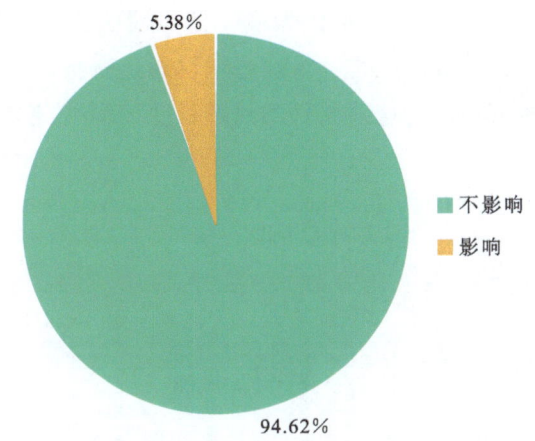

图 5.12　大众客户认为营员参与营地体育是否对学习有影响

(四)大众客户群体对营员保险购买情况

参与营地活动的营员保险购买情况如图 5.13 所示,为参与营地活动的营员购买保险的客户占比 94.62%,而 3.41% 的客户安全意识薄弱,表示没有意识到需要购买保险,1.97%的客户表示不会为学员购买参加营地的保险。由此可见,绝大部分客户有为孩子购买保险的意识,风险意识较强。

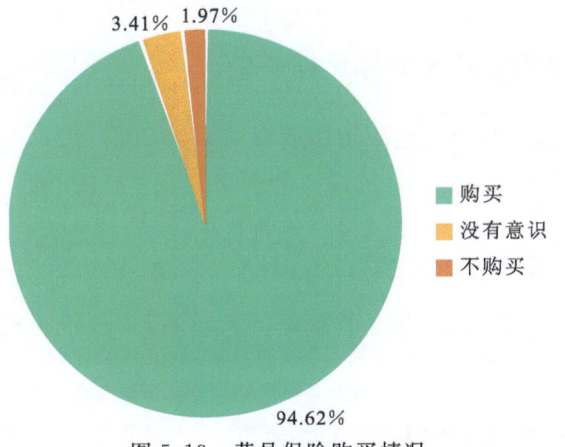

图 5.13　营员保险购买情况

(五)大众客户对营员应参加项目认知情况

大众客户认为营员应该参与的项目活动情况如图 5.14 所示,拓展体验类、攀岩、登山、自然博物类、水上游泳类依次位列前五,分别为76.57%、63.69%、59.75%、57.60%、57.07%,显然,体验式教育、自然教育和户外运动相结合的营地活动能让学生们在亲近自然的同时强健体魄,深受消费者的青睐。其次,球类项目为56.53%,射击类项目为53.31%、艺术手作类项目为47.58%,这3种项目也具有很好的群众基础,能够使学生强化运动技能和动手能力,具有很大吸引力。与此同时,冰雪类(37.03%)、当地民俗类(43.93%)、滑翔动力伞(29.87%)、山地车(27.55%)和轮滑(37.92%)受场地因素和一定风险因素的影响,选择人数较少,开展效果并不是很好,建议营地相关管理机构针对这些项目通过海报、专业人士讲解、视频动画等方式加大宣传力度,提升营员群体对这些项目的熟悉程度,激发他们对这些项目的兴趣,吸引他们参与其中。

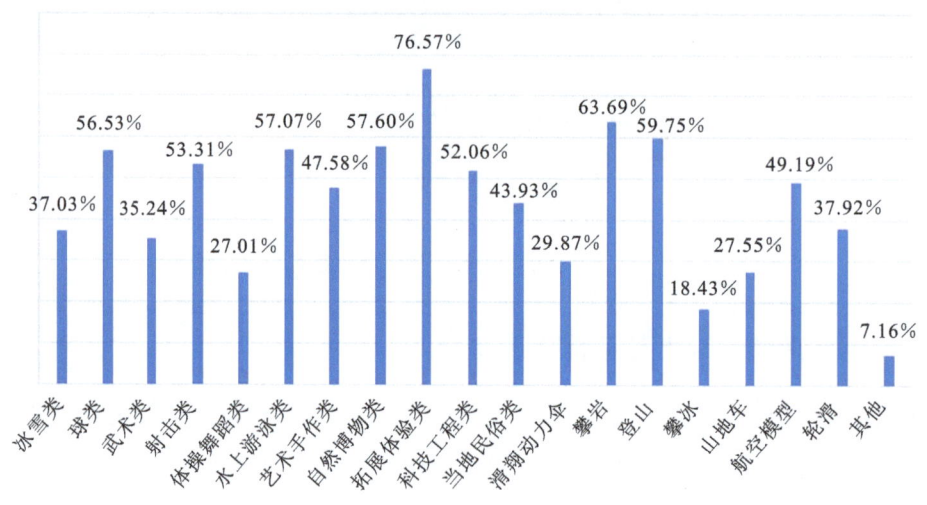

图5.14　大众客户对营员应参加项目认知

(六)大众客户对营地活动天数的认知情况

客户群体认为营地机构开展营地活动最适合的天数如图5.15所示。4~7d的活动时长深受他们的喜爱,这部分人群占比80%,12%的客户选择7~10d的营地活动时长,选择1~4d和10d及以上的家长人数占比均为4%。由此可见,绝大多数客户认为最合适的营期时长为4~7d,该时间段与营地活动开展平均天数保持一致,少部分选择低于4d和10d及以上的营地活动时长,太短期的营地活动,营员的整体体验感不强,过于长期的营地活动从费用、时间安排上等都会受到一定的限制。

(七)大众客户对营地活动内容的认知情况

大众客户对营地活动内容重要程度认知情况如图5.16所示,87.12%的客户认为"自我急救知识"很重要,其重视程度最高,仅有11.45%的客户认为其重要,总的来说,近99%的客户对自我急救知识持有重视态度。由此可见,客户们对营员能够在营地活动中学会自我急救较为看重,这也是与日常生活息息相关的重要知识。此外,82.05%的家长对"心理素质提高"的重视程度很高,但也有 2.15% 的家长认为一般。对于"健身知识普及",客户持有很重要、重要态度的人数共占 93.47%,是所有重要程度认知评价中持很重要、重要态度的人数共占比最低的。

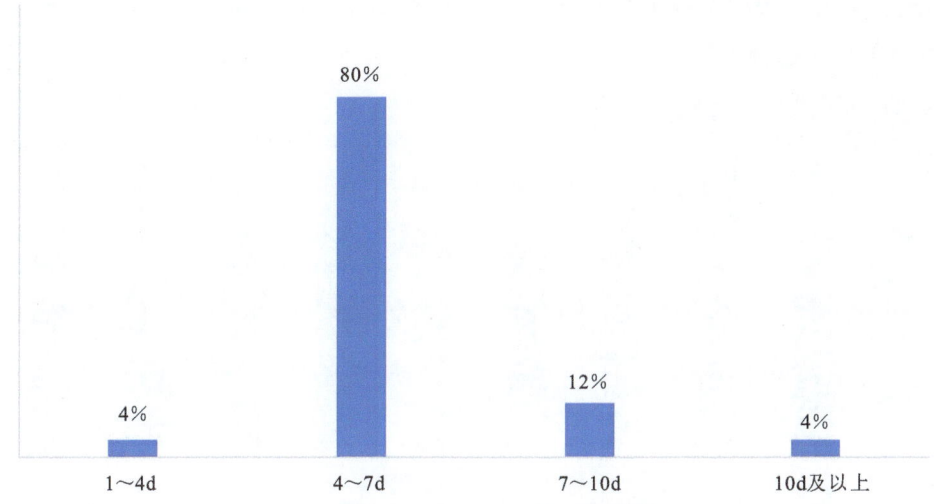

图 5.15 大众客户对营地活动天数的认知

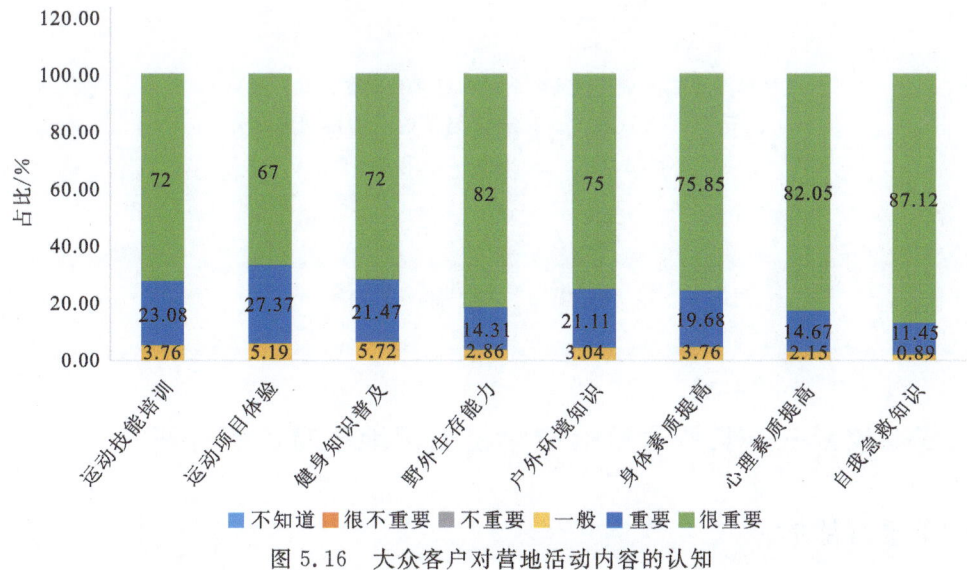

图 5.16 大众客户对营地活动内容的认知

注:持"不知道""很不重要""不重要"态度的人数占比较小,未在图中展示。

(八)大众客户对孩子参与营地活动目的的认知情况

大众客户对孩子参加营地活动的目的认知情况如图 5.17 所示。客户认为"了解户外环境知识"的重要程度最高,"很重要"和"重要"的人数占比和达到 97.36%,其次是"提升野外生存能力","重要"以上的人数占比为97.49%。由此可见,客户认为孩子参与营地活动能够投入户外,感受大自然,进而学习到户外环境知识、提升野外生存能力、提高自身的知识技能水平,营地机构可以结合自然教育大力开展相关活动。"很重要"占比最高的是"提升野外生存能力",所占比例为77.28%。从"不重要"和"很不重要"情况中看,"家长帮忙做的选择"的占比最高,为10.73%。说明在选择营地活动时,家长会与学生产生分歧,但家长能够听取学生的意见、尊重他们的选择。

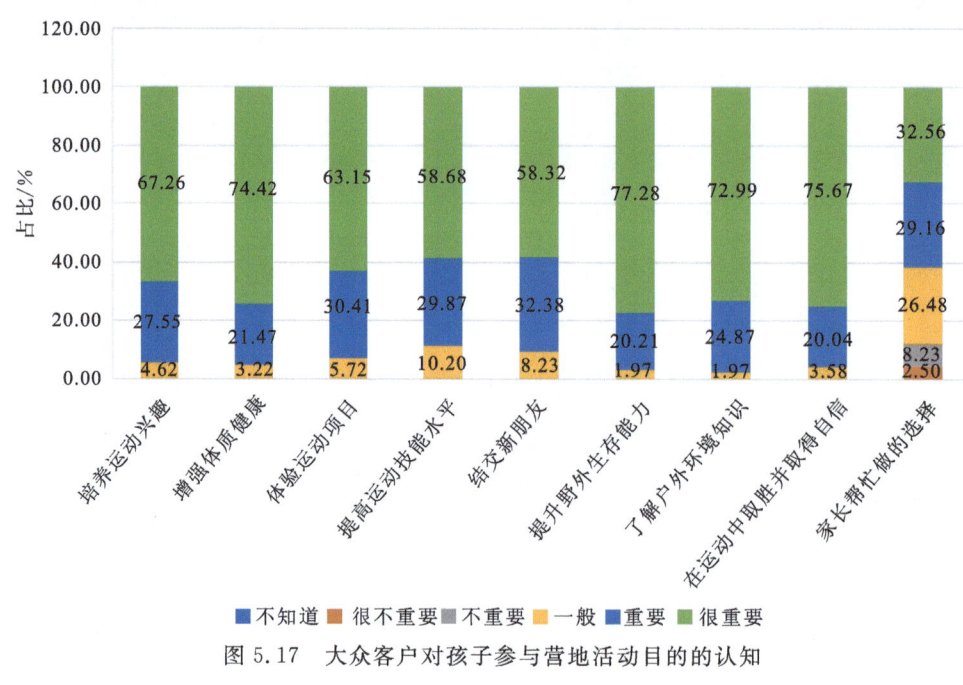

图 5.17 大众客户对孩子参与营地活动目的的认知

注:部分认识情况占比较小,未在图中展示。

第三节 案例分析

一、营在校园——长沙县第七中学校园营地教育案例分析

(一)背景与简介

1. 生源入口分析

长沙县第七中学(简称"七中")作为一所县属普通高中,接收的生源为长沙县内未考取长沙县一中和长沙维汉中学两所重点高中的部分学生(长沙县还有二中、三中、六中、九中4所高中),两所重点高中录取人数近1600人。故"七中"录取的大多是中考全县1500名以后的学生,成绩整体为中等略偏下。学生特点如下。

学习有一定的困难。经过中考选拔,未考入重点高中的学生,多半自信心不足,有被淘汰后被迫进入普通高中的挫败感。但纯文化类高中的学生又不可避免地以参加高考考入二本以上大学作为3年求学的现实目标。

家庭经济状况处于中等略偏下,对教育重视程度不够。"七中"接收的学生多来自泉塘中学片区、梨江中学榔梨镇片区,家庭以打工、务农的普通劳动者为主。部分经济条件较好的家庭会选择让孩子就读明德达材中学(现明达中学)这类收费较高的民办学校。

2.学生出口分析

以应试教育为目标的普通高中教育,3年结果基本可以预见。"七中"每年招生750人左右,到高三因厌学、转学等原因流失100人左右。高三通过高考升入二本以上学校的为28%左右,其中纯文化二本上线率15%左右,这意味着"七中"每年有约400名学生苦读3年,连二本都考不上。

长沙县的县域经济发展居于全国县域前列,这里的学生考不上二本的几乎全部都能读大专,勉强考上二本的学生,大多数毕业以后还是回到县里,甚至回到当地社区村镇就业生活,为县域经济服务。这群孩子的综合素养,实际的工作能力远比他们拥有的文凭重要。

(二)"七中"营地教育校本课程由来

"七中"确定"悦读致远"特色及营地教育为校本课程。"七中"认为高中阶段是一个人成长的重要转型期,全国广大普通高校师生3年时光不应该苦苦做同一个大学梦,最终却沦为"陪读者",因此"七中"帮助学生在高中阶段订立了3个层次目标。

(1)教育即生活,应在自主管理与主动学习中全面成长。高中教育应首先是一种生活教育,其次是一种求知与赋能的学习过程,最后才是升学教育。考个好大学是自然成长的结果,而绝非唯一目标。

(2)树人目标,为学生奠定终身成才的基础。教育是要培养适应未来社会并可引领未来社会发展的人才,学业成绩暂时不佳,只要呵护学生求知兴趣,培养终身学习的习惯,学术可以一辈子慢慢精进,而未来社会要求的一些能力,如独立思维、创新意识、公众表达、团队协作等,一旦错过培养时期将很难获得,而高中教育阶段就是培养这些能力的黄金时期。

(3)立德目标,种下幸福人生的种子。一个人只有把服务社会作为最大的快乐,才能成就幸福的人生。但遗憾的是,当今基础教育很多时候给年轻人种下的是成为人上人的利己主义种子,以致学生进入大学和社会各行各业后利己意识越来越强烈。高中阶段的教育有责任引领年轻人向上和向善,培养他们崇高的人生价值观及社会使命感。

总之,带给学生终身有用的能力与素养,坚决践行党中央提出的立德树人教育目标,是"七中"的最大目标。为此,"七中"于2013年开始进行了名为"悦读致远"的教育特色探索。

(三)"七中"营地教育校本课程的实际操作

1. "悦读致远"教育探索核心内容

以营地教育作为校本课程,与学校教育深度结合,点燃师生的生命激情,赋予师生创新活力。大力推动悦读、自主、体验、服务四大教育特色,致力于带给学生生命远行的力量。

2. 校园营地教育课程图解

营地课程如图 5.18 所示。

长沙县"七中"营地课程核心素养如图 5.19 所示。

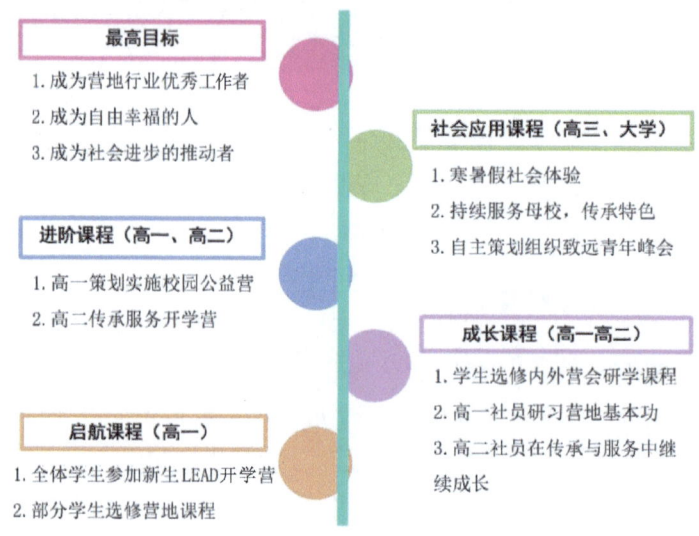

图 5.18 营地课程树

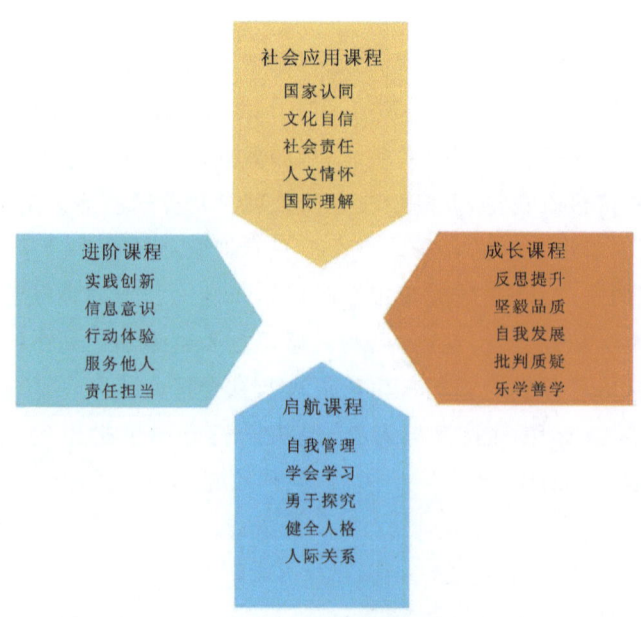

图 5.19 长沙县"七中"营地课程核心素养

3. 子课程简介

其一,启航课程。

高一新生进入一个新的校园环境,通过此课程快速地熟悉学校,与同学、老师建立链接,获得归属感,树立规则意识,培养集体荣誉感,确立高中阶段的发展目标。新生 LEAD 开学营是为长沙县"七中"历届新高一学生打造的入学营会,通过自主策划、自我行动,将学校打造成 900 师生同时参与的大营地,开创全国首例自主创新的大型公益营会。学校会召唤"悦读致远"历届毕业生回校担当策划团队导师,每期营会会提前 1 个月准备,用 6 天营长培训营、3 天导师培训营、2 天的正式营会来呈现,为高一新生打造一个充满惊喜的高品质营地课程。

其二,成长课程。

高一全体学生研习起航课程后,针对部分对营地特别感兴趣的学生设计成长课程。此课程以营地社的建设为载体,以学生在一年之内成长为一名合格的校园小导师为导向。

高二学生研习的目标是服务高一学弟学妹们,以培养高二学生进一步成长为优秀的导师甚至是营长为导向。

营地社是"七中"丰富多彩社团中的第一大社,营地社的学生往往也是各班综合素质最高的活跃分子,通过此课程,把营地教育和"悦读致远"的教改理念传递给各个班级。

其三,进阶课程。

进阶课程包括两大部分。

高一营地社成员毕业作品:为周边中小学设计校园公益体验营。

该课程要求所有营地社员组建团队自主策划、组织、实施一次完整的公益营会活动。实施对象为当地的初中学校学生,或者其他有校园公益普及需求的学校。时间是高一学生假期间,或者周末。培养目标是成为一名合格的校园营地导师。高二学生和已经进入大学的营地社成员也会积极参与指导学弟学妹们。

高二营地社成员的课程:传承服务开学营,以及为其他有校园开学营需求的学校服务。

培养目标是成长为一名优秀的营地导师,甚至营长。通过这个综合实践型的课程,培养学生强烈的团队协作意识,将过去学习到的营地知识及带营能力转变为实操能力。为学弟学妹甚至是同年级学习伙伴服务,把营地教育的快乐与创新分享给更多的人。这既可以检验社员的成长效果,也可以培养他们学以致用。因为"悦读致远"对立德树人的理解是"最好的德育是让学生感受到为别人服务的幸福感,最好的智育是培养学生为别人服务的能力"。

4. 社会应用课程

社会应用课程包括:寒暑假积极寻求社会体验机会,将校园中获得的综合能力运用于实践;利用开学营或其他校园服务项目,传承"悦读致远"特色,服务于学弟学妹们;已毕业学生自主策划、组织致远青年峰会。

致远青年峰会是一个面向全社会所有优秀青少年开放的暑期公益营会,致力于通过营地教育助力 14～18 岁的青少年认知自我、突破自我。在这里,提供给青少年从同龄伙伴和青年领袖身上汲取力量、发生思维碰撞的机会,开展提升责任心、同理心、社群感、坚毅力,以及公民意识等品质的主题活动,为青少年赋能,塑造青少年的领导力、创造力和批判性思维。每期营会花1年时间去准备,用10天时间来呈现,只为提供给青少年们合适的、完整的、有意义的一段成长旅程,这是一场由青年人发起、青年人打造、青年人拥有、服务于青年人的青年峰会。

(四)"七中"营地教育校本课程取得的成果

"七中"从学生营地成长(营员—营地导助—营地导师—导师培训师)和教师角色转换(旁观者—参与者—组织者—管理者)两方着手,给学生自由的舞台、想象的空间、展示的平台、表达的机会,以此培养学生的核心素养,打造出了独特的校本课程,取得了以下成果。

1. 学校教育真正实现以学生学习为主体

其一,和谐课堂,让教师、学生激情共舞。

从致远一班开始,尝试让老师"退"下讲台、把学生"逼"上讲台的翻转课堂。按照学习小组备课—老师提供支持—小组代表授课—师生点评的模式,同学们从被动接受变成了主动学习,师生之间的合作探究、分享拓展在课堂上不断擦出火花。各学科、跨学科项目式学习"成长的烦恼",以问题为驱导,学生分组探寻解决烦恼的对策,通过英语话剧、微电影等展现出来,内容涉及各个学科,孩子们在分享中化解矛盾与心结、学会面对挫折与困难。

其二,我的学习我做主。

学校利用每周日3节晚自习时间组织学生观看经典电影,给予时间让孩子们放松。每周一,学校营地社、模联社、扎染社、舞龙武术社、咖啡吧、爱创基金会等社团,全部由学生自主组织自愿参加。不管是定期的还是不定期的社会实践课,学生走出校园时既轻松又充满期待,整个世界都是他们愿意翻阅的课本……社会实践课程成为职场生活、社会生活的模拟。目前,"七中"依托"悦读致远"项目已实行全员教改,成效也越来越明显。

2. 营地教育入校园使大众受益

其一,特色学校教育模式已成典范。

2018年,北京市第四中学原校长、中国教育学会高中教育专业委员会理事长刘长铭在《什么是好的学校教育》一文中,将"七中"的特色教育列为好的学校教育典范。同年,"七中"案例入选《2018中国营地教育白皮书》。2019年,"七中"应邀参加民进中央基础教育改革座谈会,校长向与会专家分享"七中"的教育改革探索之路。自2014年至今,"七中"的校园营地教育实践已先后被媒体报道数十次,并参加相关分享与交流会议数十场,为中国学校教育和营地教育的融合发展提供了新路径。

其二,特色学校教育辐射周边。

"七中"教改模式正在收获越来越多的同行者,也引来了众多学校效仿。湖南省娄底六中、华容三中和江华二中的部分班级均到"七中"交流后,试水开展"悦读致远"教改,与此同时,自2014年至今,"七中"已先后帮助各个学校进行大小活动几十场,项目惠及师生成千上万人。

（五）从"七中"案例看校园营地教育的价值

从2013年开始，"七中"开始探索营地教育与学校教育的深度结合，构建了系列校园课程，并已完全实现了校内的自主创新与传承服务，价值总结如下。

1. 营地教育点燃了学生的生命热情，赋予学生自主成长与创新的系列能力

中国家长历来重视孩子的教育，对于家长来说，花很多时间与金钱去玩是无意义的，甚至是错误的，会毁了孩子。学生时代无论是在学校还是假期，都应该多学习，接受各种培训与教育。如果不利用时间持续学习，孩子就可能落后于别人。中国的家长不愿意放任孩子去玩。学习成绩不好的孩子没资格玩，他们会被要求参加更多的假期补习班。学习成绩好的孩子花时间玩，自己也会有罪恶感，甚至担心被上补习班的同学超过。

"七中"的营地课程将玩得开心与学有所获深度结合。系列课程营会从快乐体验入手，释放师生的天性。精心设计营会内容，通过团队合作探究、打开五感、启迪思维、反思迁移等多种方式改变学生。孩子开心，学习才有热情，思维才会打开，学习技能也会明显精进。尤其是通过将部分学生培养成校园小导师自主策划实施营会，带领同学一起玩的教育理念，极大地点燃学生青春的激情，赋予学生强大的自主创新能力。

2. 营地教育推动了教师的身心改变，重建了平等和谐的师生关系

营地教育课程强调以学生为主体，自主参与师生团队合作，寓教于乐。构建平等、安全、愉悦、共同成长的校园学习生活环境。

当今中国基础教育的一线教师既在教学方法上无法改变现状，又在教育目标实现上无法摆脱考分的束缚，教育的创新很难突破。大部分老师本人就是在应试教育下成长的个体，思维模式、教育理念、与学生相处的关系，甚至语言表达、工作方式等都难以突破原有的自我。

营地教育让参与其中的教师也成为有生命激情、有创新能力的新老师。老师既能真实坦然地面对自己的内心，又能尊重理解学生，能与学校各部门管理者和谐相处，同时与同事共同合作，在教学团队中发挥自我独特作用。为师者能尊重学生的学习主体地位，学生能在平等安全的课堂及校园环境中学习与生活。教师教书育人有幸福感，学生能快乐健康成长。

3. 营地教育与学校教育深度结合，开创低成本的教育创新

长沙县"七中"将营地教育接引并深植于校园，营员们无须冒着安全风险舟车劳顿远赴营地机构，不必支付大部分普通家庭难以承受的不菲费用，就可以享受到高品质的教育体验，尤其是创造性地利用校园现有空间环境，因地制宜，用三五块泡沫板即可众志成城"横渡橘子洲"，一卷棉线和几个易拉罐就可成就"夺宝奇兵"。让似乎只有中产阶层以上的孩子才能享受的教育"飞入"寻常百姓家。

尤其值得肯定的是，"七中"将一部分特别热爱营地活动的孩子逐步培养成校园营地小导师，既服务了他人又锻炼了自己，同时也大大降低了营会成本。众所周知，营会最大的支出是人力资本。以2019年9月"七中"的开学营为例，730新生两天两夜的营会，营员与导师配比

10∶1,再加上中组导师、大组导师、分营长、总营长、行政组等,近100名营会工作者为此项目服务至少5个工作日。按商业价格,付给每位工作者每人每天150元报酬,则需要75 000元支出。但"七中"所有导师都是自主培养,他们或在大学就读,或已参加工作,母校一纸召集令,则义无反顾从全国各地赶过来,赴此盛会,为母校、为学弟学妹们志愿服务。这在中国营地界至全球营地界都可能是唯一创举。

二、湖北墨耕教育科技集团

(一)背景与简介

1. 基本信息

湖北墨耕教育科技集团成立于2022年1月,是一家集研学旅行、青少年学生综合素质教育、素质拓展、劳动教育实践、综合素质数据采集研究、研学课程及文创产品设计研发、研学营地打造运营于一体的综合型教育平台,下设湖北墨耕国际旅行社、宜恩墨耕体育文化有限公司、利川墨耕体育文化有限公司、恩施白果研学实践集散中心、萨玛长潭研学实践教育营地、60公社研学实践教育营地、彭家寨中意国际建筑研学营地、伍家台贡茶研学实践教育基地,可同时容纳4000人开展研学实践教育活动。

2. 公司理念

核心素养:文化理解与传承、审辩思维、创新、沟通、合作。

能力培养:将劳动教育和研学实践相结合,通过心态管理、目标管理、时间管理、学习管理、行动管理、逆商管理、情商教育、感恩教育,有针对性地培养学生的洞察力、沟通力、分析力、学习力、应变力、创新力、动手力和抗压力。

(二)产品类型情况

(1)研学旅行。"跟着恩施非遗传承去研学""跟着恩施的地质奇观去研学""跟着恩施的民俗风情去研学""跟着恩施的特色美食去研学""跟着恩施的红色文化去研学""跟着恩施的自然资源去研学""跟着恩施的硒元素去研学"七大研学实践课程体系、一千余门研学课程。

(2)民族经典传统文化、非物质遗产文化、自然教育、军事训练、职业体验和航天航空等营地类型。

(三)师资介绍

如表5.1所示,专职人员皆具备相应的职业资格证书,学科分类划分合理科学,包括文化类、体育类、科普类等多学科专职教师,具备不同学科的专业性知识教学能力,同时,具有高级研学导师证书的有3人,形成高水平研学教学团队。

表 5.1 营地师资介绍

类别	姓名	证书
文化类	张××	初中英语教师资格证
	黄×	初中语文教师资格证
	阳×	小学语文教师资格证研学导师（高级）
	李×	小学语文教师资格证
	杨×	小学语文教师资格证
体育类	崔××	高中体育教师资格证
	王××	高中体育教师资格证
	孙××	高中体育教师资格证
科普类	杨×	研学旅行策划与管理
	吴×	中小学研学导师资格证
	张××	中小学研学导师资格证研学导师（高级）
	邓××	研学导师（高级）
实训类	吴×	初级户外指导员证书
	崔××	中级户外指导员证书
综合类	吴×	OTCA 授权培训师证书
	崔××	滑翔伞 B 级证书

（四）课程研发情况

1. 萨玛长潭研学实践教育营地

以弘扬后稷文化·解锁传承千年的中华文明为研学主题，设计了三天两晚多日研学课程。其中包括"我是小农人之水稻种植""黄豆历险记""今日我当家""百变糍粑""硒茶飘香之我是制茶小能手""篝火晚会"等活动流程。

2. 彭家寨中意国际建筑研学营地

根据不同年级设置不同类型的研学课程，分为民俗建筑和劳动实践两大板块，1~2 年级有"武陵神歌""神雀祭——傩面绘画"等民俗建筑课程，"播撒希望的种子""草帽大作战"等劳动实践板块。3~4 年级设置了"土家建筑研学""非遗漆扇制作"和"自然美育——树叶风车"等民俗建筑课程，"农夫日记——红薯种植""黄豆历险记——推合渣"和"指尖艺术家——泥塑"劳动实践课程。5~6 年级开设"土家摆手舞""吊脚楼小模型拼装"和"指尖上的非遗——剪纸"等民俗建筑课程，"彩虹蔬菜园——农作物种植""食育手作——土家民俗美食"和"臼中年味——打糍粑"等民俗建筑课程劳动实践课程。各年级段从民族建筑和劳动实践课程上设置考虑年龄适应性,搭配合理的营地课程。

3. 伍家台贡茶研学实践教育基地

开设茶文化和劳动实践课程,1~2年级设置"拓印茶叶蛋""茶事知多少""寻茶趣——茶园参观""茶叶书签制作""大自然的色彩——茶染""茶'画'会"劳动实践课程。其余年级皆以"茶"为核心元素贯穿整个课程。

4. 宜恩墨耕体育文化有限公司

设置有"植物作画""天生艺术家""给小鸟一个家——制作鸟窝""天气利用""'敲染'而至""走进植博园——认识不同的植物(必修)""定向越野"等课程。

(五)与中小学合作模式介绍

1. 提供研学基地载体,共同搭建区域性劳动教育支撑平台

恩施州清江外语学校目前以宣恩长潭河、宣恩五家台、利川60公社3个研学基地作为重要载体,搭建区域性劳动教育支撑平台。并邀请在文化与艺术等方面有特长专项的老师加入劳动实践校本教材研发专家组,对劳动教育课程进行精心设计。通过立足"基础＋拓展＋实践"三大板块,全面开启研学教材编写工作。学校还对研学基地(营地)授牌,每个基地有各自不同的特色课程。

2. 共同办学

以墨耕课程文化为基础,与各地学校资源共享,开展联合教学、组织学科研讨会、共同举办文化活动等,发展学生的综合素养,增加学校的知名度和影响力、提高师资水平、拓展教育教学资源。

(六)服务效果与取得成果

1. 服务效果

提升学生的知识技能水平。组织学生通过集体旅行、集中食宿的方式走出校园,在与平常不同的生活中拓展视野、丰富知识,加深与自然和文化的亲近感,增加对集体生活方式和社会公共道德的体验。

培养素质教育效果出色。研学旅行继承和发展了我国传统游学、"读万卷书,行万里路"的教育理念和人文精神,成为开展素质教育的新内容和新方式。提升中小学生的自理能力、创新精神和实践能力。

2. 取得成果

2022年研学旅行数据统计:2022年5月23日—2022年7月3日的春节研学共计完成7期,累计服务2000余人,达到7000余人次;2022年10月19日—2022年12月16日的秋季研学共计完成7期,累计服务1800余人,达到5000余人次。

第五章　全国青少年户外营地客户群体现状

2023年研学旅行数据统计：宜恩墨耕体育文化有限公司于2023年3月14日—2023年4月9日，共完成7期研学课程，累计服务约3000人；彭家寨中意国际建筑研学营地于2023年4月13日—2023年5月16日，共完成10期研学课程，累计服务2800余人。

第六章 高校及机构人才培养支撑体系

户外营地教育对促进青少年生理、心理、个性、社交等方面具有重要价值,是培养青少年素质能力的重要阵地,已经得到了世界范围内的广泛认可。近年来,我国政府、教育部门、社会基层等各组织已经开始意识到户外营地教育在青少年健康成长方面的重要作用,以及对青少年心理、生理等方面产生的巨大意义,并相继出台了一系列青少年户外营地教育的政策文件,以期推动户外营地教育的高速发展。人才培养支撑体系是教育和管理相结合的体系,旨在有针对性地对相关人员进行教育和管理,帮助其获得理论知识和实践技能,实现自身的发展与成长,从而更好地满足社会和市场的需求。本章将从高校教育角度对我国户外营地教育的支撑保障系统进行介绍。

第一节 高校的人才培养及支撑体系

一、高校开展户外营地教育的现状分析

2004年,国家体育总局首次提出建设青少年户外体育活动营地,标志着我国青少年户外营地教育的发展逐步走向成熟。据调查,目前全国已经有28所高校开设了户外营地教育系列课程,通过户外运动教育和体验式教育的方式培养学生户外营地教育课程的授课能力、管理能力、设计能力等,以期为我国户外营地教育输送专业人才。据已收回的调查问卷,在我国开设了青少年户外营地教育课程的28所高校中,按自然地理区域统计得知华东地区有6所、华北地区有2所、东北地区有1所、华中地区有10所、华南地区有4所、西南地区有4所、西北地区有1所(图6.1)。

在七大地区中,华中地区总面积约56万 km²,常住人口约2.23亿,2022年GDP总量为163 750.34亿元,所辖3个省都是经济大省,既有经济实力,又有独特的自然地理条件,交通也十分便利,使得七大地区中华中地区开设户外营地教育课程的高校占比最多,高达10所,其中包括中国地质大学(武汉)、武汉体育学院、武汉商学院、郑州商学院、湖南农业大学等院校。全国已开设青少年户外营地教育课程的高校中有重点本科院校3所、普通本科院校21所、专科院校4所(图6.2)。在所收回的调查问卷中,3所重点本科院校包括中国地质大学

(武汉)、华南理工大学、海南大学,说明当前我国重点院校在当地教育行政部门的指导下,充分开展体系化的营地教育课程,着力为业内培养专业人才。21所普通本科院校包括滇西应用技术大学、上海海洋大学、莆田学院、三亚学院、武汉商学院、武汉体育学院、山东体育学院、湖北大学等高校,充分说明我国大多数高校已深入落实新时代人才强国战略,坚定人才自主培养之路,全力提高户外营地教育的人才培养能力。4所专科院校包括江西应用技术职业学院、湖北幼儿师范高等专科学校、广西体育高等专科学校、福建体育职业技术学院。相比来说,专科院校的教育方向更加专业化,注重培养学生实际的职业技能和操作能力,并在某种程度上可以满足社会对营地教育人才的特定需求。

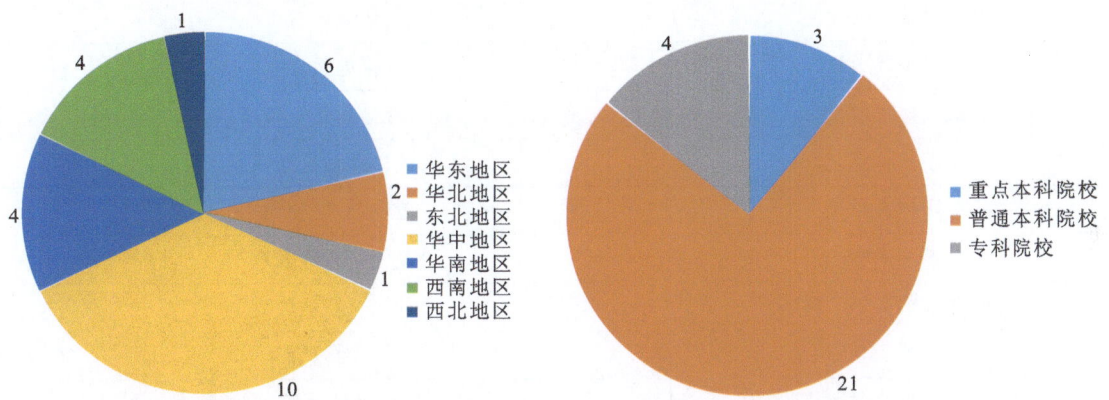

图 6.1　全国开设青少年户外营地的院校分布　　图 6.2　全国开设青少年户外营地院校的类型

我国开展青少年户外营地教育课程的众多院校,大多将其课程命名为营地教育,如中国地质大学(武汉)、贵州师范学院、安徽工程大学、三峡大学等高校(表6.1)。它们在营地教育的培养人才理念上也存在一定的相似点,例如,在营地教育的课程方面,均以户外运动、野外生存等课程为基础,包括营地教育基本理论、营地研学课程设计等在内的理论与实践相结合的课程内容。同时,也有很多院校,例如,武汉商学院将其命名为休闲体育运动技能,武汉体育学院将其命名为营会运营管理,郑州商学院将其命名为生命教育,首都体育学院将其命名为营地活动策划与设计。

表 6.1　全国开设青少年户外营地课程统计表

高校名称	课程名称
中国地质大学(武汉)	营地教育
滇西应用技术大学	青少年营地教育,营地教育管理
上海海洋大学	水畔营地教育
华南理工大学	攀岩与营地
莆田学院	户外运动
三亚学院	户外运动

续表 6.1

高校名称	课程名称
贵州师范学院	营地教育
阿坝师范学院	青少年营地教育
江西应用技术职业学院	营地教育
海南大学	营地教育
安徽工程大学	营地教育
武汉商学院	休闲体育运动技能
湖南财政经济学院	营地教育
西藏民族大学	营地教育
武汉体育学院	营会运营管理
山东体育学院	户外教育理论与实践
沈阳体育学院	营地研学旅行
湖北大学	青少年营地教育
湖北幼儿师范高等专科学校	研学与营地教育
三峡大学	营地教育
太原工业学院	营地指导员基础教程、户外运动
四川旅游学院	青少年营地教育
湖南农业大学	户外教育
许昌学院	营地教育
郑州商学院	生命教育
首都体育学院	营地活动策划与设计
广西体育高等专科学校	青少年户外营地教育、营地教育专选
福建体育职业技术学院	营地教育

二、高校开展户外营地教育培养人才分析

我国高等教育肩负着为党育人、为国育才的重大使命。人才培养的特色和适切性对高校自身具有重要意义,高校存在的价值即向国家、社会输送适切性的人才。调查问卷显示,当前我国高校开展户外营地教育学生人数最多的是三亚学院,已培养户外营地教育专业人才10届以上,学生总数高达8000人以上;排名在第二位的是广西体育高等专科学校,已培养户外营地教育专业人才8届,学生总数在1000人左右;排名在第三位的是江西应用技术学院,已培养户外营地教育人才7届,总人数为850人左右(表6.2)。高校是培养户外营地教育高层次人才的主要阵地,从已调查的数据中得出,我国28所高校共培养营地教育相关人才总数为15 782人,且呈逐年增长态势。

表6.2 高校开展户外营地教育培养人才统计表

院校名称	已培养学生届数/届	培养总人数/人
三亚学院	10	8000
广西体育高等专科学校	8	1000
江西应用技术职业学院	7	850
武汉体育学院	10	800
莆田学院	6	700
中国地质大学（武汉）	8	600
滇西应用技术大学	3	500
太原工业学院	5	500
首都体育学院	4	350
湖北大学	10	300
郑州商学院	4	300
四川旅游学院	3	240
阿坝师范学院	4	200
湖南财政经济学院	3	200
山东体育学院	4	200
许昌学院	7	200
贵州师范学院	3	150
上海海洋大学	2	120
福建体育职业技术学院	2	100
安徽工程大学	3	90
三峡大学	2	80
西藏民族大学	3	70
海南大学	2	50
沈阳体育学院	1	45
湖北幼儿师范高等专科学校	1	40
华南理工大学	1	37
武汉商学院	1	30
湖南农业大学	1	30

三、高校开展户外营地教育授课教师分析

高等学校教育的三大基本职能包括培育人才、学术科研和服务社会，高校职能的实现主

要靠高校教师的能力。新时期高校教师应具备专业技能、政治素养、个人素质等方面的能力，其思维观念会潜移默化地影响大学生的整体发展。在我国已开设青少年户外营地教育课程的28所高校中，共有41人担任户外营地教育课程的主讲教师，全部属于高学历人才，并且具备良好的户外营地教育、青少年教育、青少年身心发展规律等方面的知识与技能。我国已开展青少年户外营地教育课程的授课教师中男性教师32名、女性教师9名（图6.3）。户外营地教育的课程内容涵盖了陆域、水域、空域3个方面，包括山地户外、潜水、攀岩、漂流、滑翔伞、滑雪等运动项目，大量的户外运动项目及体育活动，在一定程度上对身体素质、心理承受能力提出了要求，这是造成户外营地教育课程中女性教师比例较少的重要原因之一。

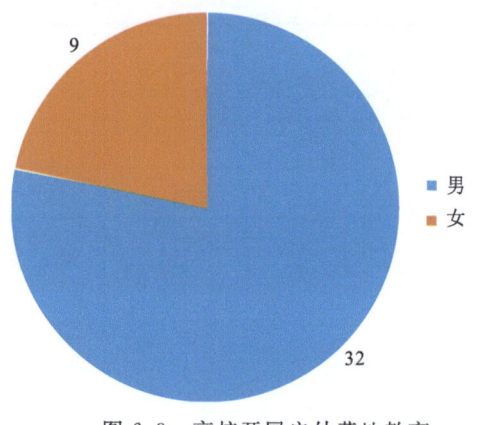

图6.3 高校开展户外营地教育任课老师的性别

所调查的任课教师，大多毕业于中国地质大学（武汉），如江西应用技术职业学院、海南大学、武汉商学院、湖南财政经济学院、西藏民族大学、贵州师范学院、湖北幼儿师范高等专科学校、三峡大学、湖北大学、太原工业学院、四川旅游学院、湖南农业大学、郑州商学院等高校的户外营地教育任课教师均毕业于中国地质大学（武汉）体育学院（表6.3），该学院的户外运动专业包括登山、攀岩、山地户外、滑雪、滑翔伞、潜水、皮划艇等系列课程。基于特色的课程内容和教育理念，中国地质大学（武汉）体育学院打造了具有特色的户外营地教育课程，致力于为全国各地输送营地教育相关人才。同时，其他院校的任课教师也具备高学历、高层次的特点，如上海海洋大学的营地教育课程有两名老师讲授，其中1名老师毕业于上海海事大学、菲律宾国父大学；莆田学院的营地教育课程有1名老师讲授，毕业于北京师范大学、悉尼科技大学；安徽工程大学的营地教育课程有1名老师教授，毕业于安徽师范大学。

表6.3 高校开展户外营地教育任课老师毕业院校统计表

高校名称	毕业院校（列举部分高校）
中国地质大学（武汉）	武汉大学
滇西应用技术大学	西南大学
上海海洋大学	上海海事大学、菲律宾国父大学
华南理工大学	成都理工大学
莆田学院	北京师范大学、悉尼科技大学
三亚学院	湖北大学
阿坝师范学院	四川师范大学
江西应用技术职业学院	中国地质大学（武汉）

续表 6.3

高校名称	毕业院校（列举部分高校）
海南大学	中国地质大学（武汉）
安徽工程大学	安徽师范大学
武汉商学院	中国地质大学（武汉）
湖南财政经济学院	中国地质大学（武汉）
西藏民族大学	中国地质大学（武汉）
武汉体育学院	武汉体育学院
山东体育学院	曲阜师范大学
沈阳体育学院	上海体育学院
贵州师范学院	中国地质大学（武汉）
湖北大学	中国地质大学（武汉）
湖北幼儿师范高等专科学校	中国地质大学（武汉）
三峡大学	中国地质大学（武汉）
太原工业学院	中国地质大学（武汉）
四川旅游学院	中国地质大学（武汉）
湖南农业大学	中国地质大学（武汉）
许昌学院	郑州大学
郑州商学院	中国地质大学（武汉）
首都体育学院	北京体育大学
广西体育高等专科学校	广西民族大学
福建体育职业技术学院	北京体育大学

四、高校开展户外营地教育的典型案例分析——以中国地质大学（武汉）体育学院为例

（一）背景及简介

中国地质大学（武汉）是教育部直属全国重点大学，是国家"211工程"、国家"双一流"建设高校。中国地质大学（武汉）体育学院暨中国登山户外运动学院是国内知名的户外运动特色体育学院。中国地质大学（武汉）体育学院在全国率先招收培养社会体育与管理专业（户外运动方向）本科生和体育教育训练学（登山户外运动方向）硕士研究生，经过70余年的建设与发展，学院现拥有国家级一流本科专业、体育学一级学科硕士学位授权点和体育专业学位硕士授权点，形成了集登山、攀岩、潜水、滑翔伞等课程为一体的户外运动学科建设体系和高层次人才培养体系。中国地质大学（武汉）体育学院被誉为"中国户外运动的黄埔军校"和"中国户

外运动人才培养的摇篮"。

中国地质大学（武汉）体育学院专业设置紧密对接市场需求，以行业企业为导向，紧跟地方产业趋势。结合学校优势与条件，开设特色专业，旨在培养适应地方经济建设的高素质人才。专业设置不仅注重市场需求，还强调与地方行业、企业紧密结合，确保学生毕业后能迅速融入社会，满足地方经济发展的需要。通过动态优化专业结构，在符合人才培养总目标的前提下，提高人才培养的质量，更好地实现人才需求的市场对接，提高专业人才的广适性。

（二）营地教育课程发展历程

2005年中国地质大学（武汉）体育学院开始在全国范围内招收体育专业学生，以期培养成专业的户外运动人才，课程内容包括滑翔伞、皮划艇、野外生存、山地自行车、素质拓展、攀岩、潜水等户外运动项目。而后以户外运动为背景，开展了延伸的营地教育课程，初期更多关注于营地教育专业人才相关运动技能的培养。目前针对营地教育的课程，中国地质大学（武汉）体育学院已经开拓了营地建设管理、营地机构运营两大板块，开展了营地规划设计、营地建设与运营、营地课程设计、营地产品标准化、营地课程带领等系列课程，以此培养人才的专业性和规范性，促进营地教育可持续发展。

（三）授课形式及课程内容分析

中国地质大学（武汉）是国家"双一流"建设院校，一所具有优良体育传统和雄厚体育基础的大学。营地教育课程是体育学院近年来新开设的一门课程，采取了由李教授和张副教授共同授课的教学模式，课程分为理论知识讲授、行业专家分享和营地实践环节3个部分，共64个学时。针对不同的知识点和学生的需求，采取了不同的教学方法和手段。由张副教授讲授营地教育的基本概念、基本理论知识、营地教育的原理和方法、营地生活管理与教育、营会设计等课程；李教授讲授营地教育课程设计、营地教育产品开发与运营等课程。通过全面详细地对营地教育的相关理论进行分析讲解，能让学生充分了解和把握营地教育的基本概念和课程设计分析，有利于学生更加深入地理解和消化课程知识，提高学习效果及实践成果，同时对营地教育的发展有积极的作用。

（四）实践教学分析

实践教学模式是一种以实践为主要手段，辅以理论知识的教学方式。在中国地质大学（武汉）体育学院的营地教育课程中，采用教育理论和实践教学相结合的教学模式，将理论知识与体验实践融为一体，学生在学习营地教育的理论知识后，掌握相关营地活动带领与设计的相关技能，开始自主尝试营会活动的设计与执行，学生通过亲身参与营地教育活动，了解知识的本质及提高应用能力。在实践教学环节中，中国地质大学（武汉）体育学院特别注重实践环境丰富多样、实践内容具有娱乐性与教育性、实践过程具有团队性等方面。营地教育课程是一种基于实践的综合性教育活动，中国地质大学（武汉）体育学院与校外近十家营地机构展开了合作。在实践环节中,张毅恒副教授带领学生参观合作营地,与营地运营管理人员交流营地运营情况,引领学生结合营地设施分组讨论并设计营会活动。通过营会活动的设计培养学生的营地教育课程思维能力,注重增强学生的独立思考和实际操作能力,提高自主创新性。

(五)营地教育人才培养模式

1. 厘清人才培养目标,助力营地教育发展

人才培养目标是各级各类教育人才培养的总体要求,是教育实践活动开展的前提与基础,是教育类型与层次的规定性反映,具体包括培养类型、层次、规格和职业岗位等方面的有效信息。中国地质大学(武汉)在人才培养中深刻分析营地教育所需要的各种类型人才,致力于培养具有较强的技术理论知识、技术应用创新能力,能合理运用专业知识与实践技能解决实际问题,适应营地建设、营地管理、营地服务第一线需要的高级技术应用型人才。

2. "多"管齐下,加强"双师"型教师队伍建设

教师是教育教学活动的主体之一,教师首先要具备教育教学需要的职业素养,才能满足专业教学的需要,才能在教学活动中承担起培养人才的任务。中国地质大学(武汉)"双师"型教师既持有专业技术资格证书又持有职业资格证书。除了具备专业理论性知识,还具备实践技能性知识。营地教育课程需要培养具有较强的专业理论知识、技术应用创新能力,具有"高等性"和"职业性"双重属性的高应用型人才。中国地质大学"多"管齐下,通过完善"双师"型教师认定标准,建立健全"双师"型教师教学评价体系及激励机制等措施,积极采取"内部培养,择优引进,聘请结合"的办法,加强"双师"型教师队伍建设,以保障营地人才培养目标的实现。

3. 建立政校企深度合作实践教学模式

中国地质大学(武汉)体育学院建立了与其他营地机构合作的机制,共同制定合作协议,合力推动营地教育课程的理论知识和实践教学课程。加强实践基地建设,实现有效的实践教学模式,与企业共同健全人才培养体系。中国地质大学(武汉)体育学院与企业共建实践基地、共同制定培养方案等方式,提高学生的专业素质和与企业的契合度。整合营地主、营地产品供应商、研学机构,以及知名 IP 企业等资源,拓展培训基地、集结优秀讲师解决学生培养出口问题。通过制定合作机制、整合社会资源、制订教学计划、加强师资队建设、提高评价和反馈机制等措施,推动营地教育课程的实践教学,为培养营地教育相关人才提供保障。

第二节 机构的培训体系及保障机制

一、机构的人才培训体系现状

为规范我国户外营地教育的发展,中国登山协会自 2016 年开始正式推出了初级营地指导员培训班,从而提高教育的质量和安全水平。一经发布,即引起了我国政府、社会、个人等各界人士的广泛关注。一方面,政府高度聚焦户外营地教育的规范化发展,并出台了一系列的政策法规等措施来保障户外营地教育和营地管理的规范化、系统化发展;另一方面,随着我国经济水平的不断提高,社会各界和个人对户外运动和户外营地教育的兴趣及需求不断提高,营地指导员相关培训班的开展可以提高从业人员的职业素质,提供更优质、更安全的户外营地教育产品及服务,满足社会各界的需求,从而实现户外营地教育的可持续发展。随着中国登山协会开办营地指导员培训班备受关注,近6年来,中国登山协会又相继推出了营地主任培训班、营长培训班等系列全国青少年户外营地管理人员的培训班,共培养了总计超过5000的专业人才。根据回收的问卷调查,参与培训班的各界人士学历大多数为本科和硕士,其中包含高校教师、中小学教师、高校学生、营地的负责人、社会机构的工作人员等相关群体。

与此同时,在国家体育总局青少司的指导下,由国家体育总局登山中心和中国登山协会共同倡导发起了"营动中国"青少年系列营地活动,充分利用我国丰富的自然、地理、人文等资源,开展户外运动、野外生存、自然教育、红色教育等活动,涵盖了青少年夏令营、冬令营、自然营、红色历史营、军事营、游学夏令营、领导力夏令营等,引起了社会的广泛参与。截至2023年5月,"营动中国"青少年系列营地活动的推广单位已遍布我国各省区、各地域,高达170家,其中华东地区38家、华中地区27家、西南地区25家、华北地区24家、华南地区22、西北地区20家、东北地区14家(图6.4)。

二、机构的人才培训保障机制

(一)机构开展户外营地教育人才培训的教材体系

青少年户外营地教育以兴趣及技能分层,区别于学校体育。课程设计需依青少年身心发展、技能成长及项目特性,融合教育、趣味、娱乐、实时与文化元素。通过个性化培训,既巩固基础技能,又激发潜能,培养责任感、团队精神及文化素养。课程内容紧跟时代,结合地域特色,确保青少年在愉悦氛围中全面发展,成为有社会责任感、创新能力和实践经验的未来人才。在登山中心的指导下,由各类从业人员根据营地环境、营地设施、营员特点、课程特色等内容编撰的《营地夏令营操作手册》已于2018年印发使用,《营地指导员基础教程》《营地建设与管理》《自然教育操作手册》3本基础教材已在高教出版社出版,《户外运动基础教程》《野外生存》《营地水上运动教程》《营地常见问题分析与应对》《营地山地户外运动教程》等系列教材也相继出版,为我国高校培养及社会机构培训户外营地教育专业人才提供了系统化的书本教材,并成为其输送专业人才的理论支撑(图6.5)。

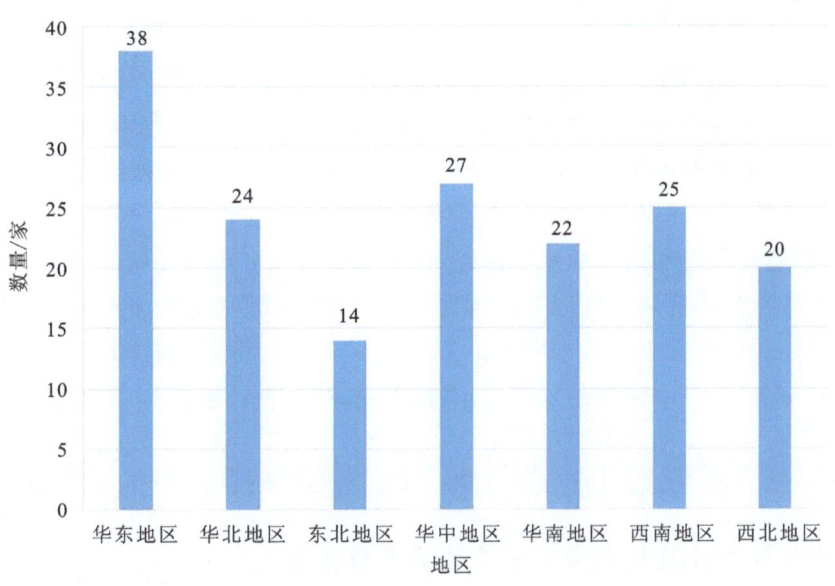

图 6.4 "营动中国"推广单位的地区分布

图 6.5 全国青少年户外营地丛书

(二)机构开展户外营地教育人才培训的营地标准体系

近年来,国务院、政府基于青少年身心发展规律、教育发展规律和社会发展规律等,制定了一系列政策法规引领青少年户外营地发展。如体育总局、教育部等7部委于2017年11月28日联合发布了《青少年体育活动促进计划》。2018年4月9日,按照安全性、标准化、普适性的原则,体育总局办公厅发布了《全国青少年户外体育活动营地建设规范及器材目录》,旨在加强青少年体育户外运动活动营地规范建设、质量提升和可持续发展。

《全国青少年户外体育活动营地等级评定办法及评定细则》正在向各省区市体育局征求意见及测评阶段,国家级青少年户外营地的等级评定工作也将正式启动,它可以促进户外营地教育的产品、服务、生产和管理更加规范化、标准化,帮助企业提高产品质量、工作效率和市场竞争力,为国家、社会及消费者提供更加优质、安全、可靠的户外营地教育系列产品和服务,旨在通过此工作建立青少年营地的评估、注册、认证、等级评定、准入和退出机制。

(三)机构开展户外营地教育人才培训的培训体系

在中国登山协会的建议下,总局青少司已将"开展青少年户外体育活动""建设青少年户外体育活动营地""培训青少年户外体育活动营地管理人员"等工作纳入其中,并实施举办营地指导员培训班,着力培养户外营地教育专业人才。2016年,中国登山协会正式推出了初级营地指导员培训班,自开办以来,已经获得了我国政府、社会、个人等各界人士的广泛关注,初级营地指导员培训班在近6年的时间已开展了远超200期的惊人数量,共培养专业人才总计超过5000人次,培训地点、学校、人群遍布全国各个省区和城市,为我国的户外营地教育持续输送人才,保障了户外营地教育的可持续发展。由总局青少司主办的全国户外营地管理人员培训为公益性质(免费),至今共培训约3489人次,2019年共举办6期,共380人参加。由中国登山协会牵头,进行了社会化、市场化组织,"营地主任"和"营长"等高级从业人员的培训班也已经开启实施,并得到了广泛的呼应。其中2018年举办全国初级户外营地指导员培训班共举办了58期,共1731人参加;2019年举办全国户外营地指导员培训班38期,共916人参加;2020年举办全国户外营地指导员线上培训班5期,共2100人参加。随着中国登山协会推出营地指导员培训班的社会认可度不断提高,参与人群也在不断扩大,营地教育的相关管理人员经过系统化的培训可以提高综合的执教能力,同时提高营地教育的实用性和吸引力。

第七章 青少年户外营地发展面临的问题与可持续策略

第一节 青少年户外营地发展面临的问题

一、营地发展体系尚不完善

相关部门虽有发展意向但重视度不够高,尽管近年出台的一些政策方针在大方向上充分肯定了营地教育的可行性,但未曾针对青少年户外营地的发展设定一套切实可行的长期计划、方案和实施细则,也没有详细的规范要求和发展目标,使得营地教育的发展长时间处于"摸石头过河"的阶段,具有很大程度上的盲目性。

营地行业评估与监督体系也尚未建立,对营地实际结果与效益进行客观评估是进行营地教育活动的重要环节。我国营地行业评估与监督体系的缺位使得其整体发展由于缺少约束力而过于松散。营地专业人员培养体系仍处于摸索阶段,营地拥有高素质、专业化的管理人员和教师,是营地行业繁盛发展的关键。

二、营地设置与建设空间分布不均

我国青少年户外营地规模化发展速度较快,但地区之间发展并不均衡。尽管我国营地教育行业在近年来得到迅猛发展,全国各地开始兴建营地教育基础设施和实践基地,全国范围内建有大小不等、规模不等的营地教育基地,但是,调研发现,我国营地机构及营地基地出现明显的发展不平衡、分布不合理的现象。我国营地教育机构大多设在经济相对发达的城市及区域,主要集中在华北、华东地区,北京、上海、广州、深圳和新一线城市的营地机构数量占据相当大的比例。营地教育机构在经济发达地区集中,而经济落后地区因资源受限,营地教育匮乏,制约了青少年营地教育的均衡发展。

三、营地生源相对单一

目前我国营地的生源多是政府要求的必须在营地进行相关素质培养的各级中学及职校

的学生,虽然保持在较为稳定的水平,但并非营地发展的长久之计。稳定但单一的生源使得营地存在另一个重要问题,即营地主动发展力不足。另外,营地教育面临生源不稳定的挑战,寒暑假营员激增,学期间则锐减。此现象源于公众对户外营地认知偏差,仅视其为休闲之地,而非全面成长平台。此误解限制了营地教育功能的发挥,影响其持续建设与健康发展。需加强宣传引导,提升公众对营地教育价值的认识,促进生源稳定,助力营地教育均衡发展。

四、营地资金来源尚不稳定

青少年户外营地建设离不开资金支持,但当前很多青少年户外营地的建设缺乏稳定的资金来源。由于青少年的学习时间比较固定,导致户外营地产品和项目具有明显的淡季和旺季。因此,青少年户外营地建设过程中的资金来源在时间上存在明显差异。另外,其资金大多源自政府资助,其性质是非营利性组织,承接的活动以公益性为主,运营方式以政府计划手段为主,市场机制基本不参与其中,而不稳定的资金来源无法满足营地教育长远发展需要。

五、营地资源尚未得到有效开发

营地的资源主要包括基础设施资源、人力资源、课程资源等。在人力资源开发的问题上,首先是营地工作人员缺少系统、专业的技能培训,专业能力无法得到进一步提升。其次是营地的管理机构及职称评选与传统学校教育不同,复杂的人员构成使营地在工作人员升迁及评优机制上存在一定的困难,对现有人力资源的潜能开发不足。营地的课程设置主要存在更新换代慢、缺乏创新等问题;其次是营地活动由于政策等原因有特殊的偏向性,导致营地课程开发的多样性不足。

六、营地安全问题重视程度不够

当前青少年户外营地虽普遍宣称拥有安全保障管理体系,但其有效性与成熟度缺乏官方统一评估,导致意外事件频发。构建官方认可的安全保障管理体系对全国营地安全至关重要,它能标准化管理流程,提升应急响应能力,确保青少年活动安全无忧。然而,体系的完善与落实非一蹴而就,需时间积淀与持续努力。营地发展应以此为基石,不断优化安全管理,积累经验,逐步走向成熟,为青少年提供安全、健康、丰富的户外学习体验。

第二节 青少年户外营地发展的可持续策略

一、优化政策扶持水平,加强政策补贴力度

国家政策是户外营地教育的重要推力,政策红利的逐步释放,能够逐步打开我国营地教育市场的发展空间。首先,政府相关部门应深刻认识到户外营地教育对青少年身体、心理、个

性培养等方面发展具有的积极意义,根据营地发展状况,积极出台各类营地建设政策,规范营地建设标准,大力支持我国青少年户外营地教育的发展。其次,青少年户外营地要想更好地发展下去,一定要解决资金问题,要保证有足够的资金让青少年户外营地正常稳定地运行下去。现阶段,大部分青少年户外营地在建设之前,为了获取国家的资金补助,都会按照国家规定的要求去规划建设。因此,加大对青少年户外营地建设的资金补助,并且政策补贴应落实到位,保证财政资助透明化,让每一步资金都落到实处,才能真正促进营地教育的茁壮发展。

二、完善营地教育行业标准,促进行业交流

"无规矩不成方圆",青少年户外营地教育需构建科学、合理的管理机制,融合人文管理,提升从业者素质。强化检查监督,确保教育纯粹性,防范资本负面影响。同时,加强市场监管,树立优质营地机构形象,赢得公众信任。这一系列举措旨在维护营地教育的健康发展,保障青少年在安全、专业的环境中成长,实现身心全面发展。通过规范管理与监督,确保营地教育不偏离初衷,真正成为青少年成长的坚实后盾。建立行业标准,应该从以下几步进行。第一步:针对营地的开发建设、运营管理、人才配置、活动执行情况等方面出台相关的政策措施,行业内众多青少年户外营地应多加进行行业分享交流;第二步:行业多方经过交流沟通后,对营地教育行业现状做出总结,并加大宣传,将影响力扩散到全国各地的青少年户外营地中;第三步:营地教育在发展中,不能闭门造车,应联合周围的各产业进行多方合作,根据需求相互扶持,取长补短。在结合营地自身产出经济效益的同时,带动周边产业发展。

三、吸引社会资本,增加户外营地资金投入

营地建设作为未来重点,面临资金瓶颈。国家投入有限,需广泛吸引社会资源和资本参与,以缓解营地数量不足的问题。资金来源的多元化是营地持续发展的关键,确保营地正常运作与扩展。通过创新合作模式,如公私合营、企业赞助等,激发社会资本活力,共同推动营地建设与发展。这不仅能够加速营地数量的增长,还能提升营地设施与服务水平,为青少年提供更多元、更高质量的户外教育体验。因此,青少年户外营地最大限度地开发自身资源,发掘自身优势,寻求与企业利益相符的契合点,吸引社会企业投资。其次,要明确营地核心,将重心牢牢放在青少年群体上,青少年体育活动营地要主动寻求能够满足青少年兴趣爱好并实际对青少年发展起到良好效果的各类途径。最后,营地要吸收更多来自依托单位的投入。这种自筹自资的经营模式可以使得青少年体育活动营地更具活力,营地必须时刻关注行业业态,针对行业发展趋势更改自己的经营方向,将重心放在如何更好地促进青少年发展上,同时减轻政府财政压力。

四、搭建不同营地桥梁,促进营地间资源共享

为破解我国青少年户外营地发展不均难题,亟须强化区域间营地沟通与合作。当前,行业聚合力尚显不足,导致辐射范围受限,营地教育整体发展呈碎片化状态。因此,首先,应构

建跨区域交流平台,促进资源共享与经验借鉴。通过政策引导与市场机制双轮驱动,鼓励营地间建立战略联盟,共同规划发展蓝图,逐步缩小区域差距,推动青少年户外营地教育向均衡、协调方向迈进。其次,开展营地间大范围深度合作,协同打造中国青少年户外营地品牌、提高知名度和影响力,全行业资源的有效整合与开发有利于青少年户外营地的改造升级,实现营地间合理资源分配和营地行业规范化发展,促进中国青少年户外营地行业的蓬勃发展。

五、加强营地安全保障管理体系建设

营地作为青少年活动社交场所,需全面评估风险并规避。高空、野外、水上等具潜在危险,需配套管理流程。营地应配专业医疗工具,对人员进行系统安全培训,定期维护设施,整体安全检查。汇总各环节成严格管理体系,为营地运行提供坚实保障。通过这一系列措施,确保青少年在享受活动乐趣的同时,安全无忧,促进营地教育的健康、持续发展。

六、培养创新意识,注重营地课程品类研发

营地作为一种"年轻"的旅游产品,在国内有很大的发展空间,中国青少年户外营地教育发展要立足于中国国情。因此,在谋求青少年户外营地教育发展过程中,除了空间环境、课程内容、人文氛围,相关组织者应培养和保持创新创造的独立意识,探索中国不同青少年学生群体的深度需求,注重"求新""求精"和个性化的发挥,有效整合资源并创新利用,研发出适合不同青少年学生群体的课程体系,保证每个进入营地的青年都能选择一套适合其自身发展的课程体系,加强青少年对营地的归属感,大力推进特色化营地国内现有的青少年户外营地,提升营地的吸引力和核心竞争力。

参考文献

卞伯高,李强,余洋,2019.我国青少年营地教育师资状况分析与配置策略[J].教育学术月刊(8):71-76.

晁国栋,张国文,晁新新,2020.后现代主义视野下我国青少年户外营地教育课程评价研究[J].文体用品与科技(6):7-8.

陈海东,2022.体育营地教育的概念丛审视、植入与本土化调适[J].体育与科学,43(1):46-52.

陈昆仑,宋新昊,刘小琼,等,2024.中国露营活动网络关注的时空特征及影响因素[J].旅游科学,38(10):80-98.

崔倩如,朱倍锋,张小林,2024."露营热"的时代动因与高质量发展路径[J].体育文化导刊(5):14-19.

何疏悦,武孝毓,何竑,等,2022.中美儿童户外营地的对比分析研究[J].南京林业大学学报(人文社会科学版),22(6):103-114.

胡孝安,2019.浅谈青少年户外体育营地建设存在问题及其对策[J].当代体育科技,9(33):214-215.

胡雅静,柳鸣毅,王梅,等,2021.英美青少年体育冬夏令营组织体系、治理策略、经验启示[J].中国体育科技,57(9):98-104.

黄安龙,王娟,2020.我国体育营地建设实践路径研究——以皖东地区为例[J].南京体育学院学报,19(4):21-26.

李凤,汪德根,刘昌雪,等,2017.中国自驾车房车营地空间分布特征及其驱动机制[J].资源科学,39(2):288-302.

李琳琳,2023.青少年户外体育营地服务质量评价与提升路径研究[D].曲阜:曲阜师范大学.

李琳琳,刘一民,2022.青少年户外体育营地服务质量评价体系研究[J].体育学刊,29(5):69-77.

李凌,2009.青少年户外体育营地的教育理念与课程设置[J].西安体育学院学报,26(5):618-621.

厉新建,殷婷婷,李姗,等,2023.中国露营地空间分布及其影响机制[J].经济地理,43

(5):205-218.

刘光锐,2021.基于STEAM教育理念的营地课程定向运动设计研究——以乐营淀山湖国际营地为例[J].黑龙江科学,12(23):106-107.

刘赛,张圆刚,2024.山东省露营地空间布局及组态影响研究[J].地理研究,43(5):1247-1266.

柳鸣毅,王梅,张毅恒,等,2019.新时代中国青少年体育冬夏令营公共政策与治理路径研究[J].中国体育科技,55(6):59-70.

吕璐露,2022.体育强国视阈下我国青少年营地教育的角色、功能与发展[J].山东体育科技,44(5):71-78.

吕璐露,2022.我国青少年户外营地教育的发展历程、阶段特征与未来展望[J].体育教育学刊,38(3):61-66.

麻益军,2017.国际化旅游产业发展视角下的乡村营地旅游项目开发研究[J].农业经济(10):53-55.

万蓉,张军,2023.新课标背景下青少年户外营地的现实困境和机遇[J].当代体育科技,13(16):132-135.

王晗,潘凌云,2022.核心素养视域下青少年营地教育课程评价的理论意蕴及实践理路[J].青少年体育(10):112-114.

王会娟,黄瑞敏,2018.我国青少年户外体育活动营地运营现状研究[J].广州体育学院学报,38(6):63-66.

吴阳,2020.我国青少年营地教育发展现状、存在问题及对策[J].四川体育科学,39(6):1-6.

吴阳,刘媛,刘琼,2020.我国中小规模青少年营地教育机构发展现状、问题与对策[J].体育成人教育学刊,36(3):56-60.

肖强,李凌.国内外户外教育研究对我国营地教育研究现状的启示[J].四川体育科学,2023,42(2):109-112.

徐文琦,郭梦,吕璐露,2021.乡村振兴战略下青少年户外营地发展机遇、现实困境与对策[J].体育成人教育学刊,37(1):1-9.

杨汉,罗先斌,陈淑红,2021.青少年户外教育安全影响因素指标体系构建[J].北京体育大学学报,44(4):82-93.

张博,2021.青少年户外营地发展的现实困境与对策[J].当代体育科技,11(29):4-6.

张璐,2020.北美户外运动营地建设与经营管理模式研究[J].广州体育学院学报,40(4):54-56.

张桥锋,栗燕梅,2023.国内近十年户外营地教育的可视化分析与启示——基于Cite Space V软件分析[J].青少年体育(5):135-137.

张旭东,2014.国外青少年夏令营运作模式及启示[J].中国青年研究(10):114-119.

参考文献

周丽君,王琰,2023.自然保护地开展户外运动的国际经验与中国路径:人地关系协调视角[J].体育学刊,30(2):49-56.

周游,翟亮,沈洪宇,等,2020.四川省户外营地教育的发展现状调查研究[J].当代体育科技,10(27):200-203.

朱迎香,张云耀,2024.重庆市露营地空间分布特征及影响因素[J].地域研究与开发,43(3):97-102.

ANDERSON-BUTCHER D, IACHINI A, RILEY A, et al. ,2013. Exploring the impact of a summer sport-based youth development program[J]. Evaluation and Program Planning,37(1):64-69.

ARMOUR K, SANDFORD R,2013. Positive youth development through an outdoor physical activity programme: Evidence from a four-year evaluation[J]. Educational Review,65(1):85-108.

ASFELDT M, PURC-STEPHENSON R, ZIMMERMAN T,2022. Outdoor education in Canadian public schools: Connecting children and youth to people, place, and environment[J]. Environmental Education Research,28(10):1510-1526.

BANGSBO J, KRUSTRUP P, DUDA J, et al. , 2016. The Copenhagen Consensus Conference 2016: Children, youth, and physical activity in schools and during leisure time[J]. British Journal of Sports Medicine,50(19):1177-1178.

BOWERS E P, LARSON L R, SANDOVAL A M,2019. Urban Youth Perspectives on the Benefits and Challenges of Outdoor Adventure Camp[J]. Journal of Youth Development,14(4):122-143.

BRYMER E, FELETTI F,2020. Beyond risk: The importance of adventure in the everyday life of young people[J]. Annals of Leisure Research,23(3):429-446.

BURNS R C, JANOWICZ L, MOREIRA J C, et al. , 2023. Adventure Recreation Camp: An Informal Education Methodology Used to Educate Youth[J]. Journal of Park and Recreation Administration,41(3):101-110.

CHRISTIANA R W, DAVIS M, WILSON M G, et al. ,2014. Factors Related to Rural Young Adolescents' Participation in Outdoor, Noncompetitive Physical Activity[J]. Research Quarterly for Exercise and Sport,85(4):509-518.

COLE D N, MONZ C A,2004. Spatial patterns of recreation impact on experimental campsites[J]. Journal of Environmental Management,70(1):73-84.

Emery C A. Injury prevention in kids' adventure and extreme sports: Future directions[J]. Research in Sports Medicine, 2018,26(1):199-211.

EVANS N S, ACTON R,2022. Narratives of teaching in outdoor and environmental education: What can we learn from a case study of outdoor education pedagogy? [J].

Journal of Adventure Education and Outdoor Learning,22(3):214-227.

GILL E,GOLDENBERG M,STARNES H,et al.,2016. Outdoor adventure therapy to increase physical activity in young adult cancer survivors[J]. Journal of Psychosocial Oncology,34(3):184-199.

KATZMARZYK P T,WALKER P,MALINA R M,2001. A time-motion study of organized youth sports[J]. Journal of Human Movement Studies,40(5):325-334.

LAGESTAD P,BJOLSTAD T,SAETHER E,2019. Predictors of Inactivity Among Youth in Six Traditional Recreational Friluftsliv Activities[J]. Journal of Outdoor Recreation Education and Leadership,11(1):21-36.

MANFERDELLI G,LA TORRE A,CODELLA R,2019. Outdoor physical activity bears multiple benefits to health and society[J]. Journal of Sports Medicine and Physical Fitness,59(5):868-879.

PRIEST S,ASFELDT M,2022. The History of Outdoor Learning in Canada[J]. International Journal of the History of Sport,39(5):489-509.

附录 A　我国青少年户外营地行业相关政策文件汇总

发布时间	发布机构	政策名称	政策重点摘要
2023.11	国家发展改革委 等五部门	《促进户外运动设施建设与服务提升行动方案（2023—2025年）》	推动构建山地户外运动"三纵四横"空间格局，建设一批山地户外公共营地、登山道、徒步道、骑行道等山地户外运动场地及相关服务设施，适当增加山地户外运动设施用地和配套设施配建比例
2023.05	国家体育总局等十二部门	《关于推进体育助力乡村振兴工作的指导意见》	鼓励有条件的乡村在开发山地、河流、古驿道、乡道时，统筹规划建设健身休闲绿道、登山步道、山地户外营地、汽车自驾营地、航空飞行营地、运动船艇码头、徒步骑行驿站、研学旅行基地、体育培训基地等，打造具有田园风光、乡土风情的体育特色村庄和配套户外运动设施，打造满足全家庭成员、全年龄段、多层次、多样化户外休闲需求的消费场景
2023.01	教育部等十三部门	《关于健全学校家庭社会协同育人机制的意见》	明确了学校、家庭、社会在协同育人中的各自职责定位及相互协调机制。一是学校要用好社会育人资源，建立相对稳定的社会实践教育基地和资源目录清单，联合开发社会实践课程。二是家长要利用闲暇时间带领或支持子女体验社会，帮助子女更好地亲近自然、开阔眼界、增长见识、提高素质。三是社会有效支持服务全面育人，要将家庭教育指导作为城乡社区公共服务重要内容，积极构建普惠性家庭教育公共服务体系；各类教育基地和活动场馆要面向中小学生及学龄前儿童免费或优惠开放，鼓励支持社会有关方面提供寓教于乐的优秀儿童文化精品

续表

发布时间	发布机构	政策名称	政策重点摘要
2022.11	文化和旅游部等十四部门	《关于推动露营旅游休闲健康有序发展的指导意见》	鼓励供给扩张,优化供给质量。支持在转型退出的高尔夫球场、乡村民宿等项目的基础上发展露营旅游休闲服务。鼓励有条件的旅游景区、郊野公园、体育公园等,划出露营休闲功能区;大力发展自驾车旅居车露营地、帐篷露营地等多种营地形态。推进文化和旅游深度融合发展。 推动全产业链发展,宣传推广。引导露营营地规模化、连锁化经营,孵化优质营地品牌,培育龙头企业。支持旅居车、帐篷等国内露营行业相关装备生产企业丰富产品体系,优化产品结构。鼓励各类媒体加强对露营旅游休闲的宣传引导,推广大众露营文化,培育大众露营市场。 除此之外,政策提出将提供资金支持,鼓励政府和社会资本合作等方式支持营地建设和运营。同时,对有适合发展露营旅游休闲产品的品牌,以适当方式将相关指标纳入其质量认定。
2022.10	国家体育总局八部门	《户外运动产业发展规划(2022—2025年)》	到2025年,建设各类户外营地100 000个;制定不同类型户外运动营地的建设标准和分级评定标准,提高户外营地的服务水平。鼓励运营管理规范、服务质量优良、综合效益显著的户外运动营地申报体育旅游示范基地
2022.08	中共中央办公厅、国务院办公厅	《"十四五"文化发展规划》	推动旅游与现代生产生活有机结合,加快发展度假休闲旅游、康养旅游、研学旅行实践活动等,打造一批国家全域旅游示范区、A级旅游景区、国家级旅游度假区、国家精品研学旅行带、国家旅游风景道、特色旅游目的地、特色旅游功能区、城市绿道、骑行公园和慢行系统
2022.05	国家发展改革委	《革命老区重点城市对口合作工作方案》	加强革命老区红色遗址保护和旅游基础设施建设,打造红色文化传承项目及载体,规范有序开展以红色文化传承为主题的研学实践活动,建设红色研学旅行基地(营地)
2022.04	文化和旅游部、教育部、自然资源部、农业农村部、国家乡村振兴局、国家开发银行	《关于推动文化产业赋能乡村振兴的意见》	鼓励各地加强"中国民间文化艺术之乡"建设,塑造"一乡一品""一乡一艺""一乡一景"特色品牌,形成具有区域影响力的乡村文化名片,提升乡村文化建设品质,充分开发民间文化艺术研学旅行的产品和线路

续表

发布时间	发布机构	政策名称	政策重点摘要
2022.04	国家文物局	《"十四五"考古工作专项规划》	鼓励依托国家考古遗址公园、国家重点区域考古标本库房、考古研究基地和考古工作站开展考古工地开放日、考古研学旅行与考古夏令营等多种公众考古活动
2022.02	文化和旅游部办公厅、教育部办公厅、国家文物局办公室	《关于利用文化和旅游资源、文物资源提升青少年精神素养的通知》	以博物馆、纪念馆、开放的文物保护单位、考古遗址公园和红色旅游景区等设计精品研学旅行路线,综合运用专题讲座、文艺演出、解说导览和参与志愿服务等方式,推动青少年在感悟社会主义先进文化、革命文化和中华优秀传统文化中增强文化自信
2022.01	国务院	《"十四五"旅游业发展规划》	推动研学实践活动发展,创建一批研学资源丰富、课程体系健全、活动特色鲜明与安全措施完善的研学实践活动基地,为中小学生有组织地开展研学实践活动提供必要保障及支持
2021.11	农业农村部	《关于拓展农业多种功能促进乡村产业高质量发展的指导意见》	开发森林人家、林间步道、健康氧吧、温泉水疗、水上漂流、滑草滑沙、星空露营等产品,打造一批循环农业、生态农牧、稻渔共生等生态样板,建设一批学农劳动、研学实践、科普教育等实训基地,创设一批农事生产、节气物候、自然课堂、健康养生等科普教程
2021.08	中共中央办公厅、国务院办公厅	《关于进一步加强非物质文化遗产保护工作的意见》	深入挖掘乡村旅游消费潜力,支持利用非物质文化遗产资源发展乡村旅游等业态,以文塑旅、以旅彰文,推出一批具有鲜明非物质文化遗产特色的主题旅游线路、研学旅游产品和演艺作品。 引导社会力量参与非物质文化遗产教育培训,广泛开展社会实践和研学活动
2021.08	财政部、教育部	《关于印发中央专项彩票公益金支持教育相关项目资金管理办法的通知》	"十四五"期间,中央专项彩票公益金继续支持中小学生校外研学实践活动项目
2021.08	国务院	《全民健身计划(2021—2025年)》	促进体旅融合。通过普及推广冰雪、山地户外、航空、水上、马拉松、自行车、汽车摩托车等户外运动项目,建设完善相关设施,拓展体育旅游产品和服务供给。打造一批有影响力的体育旅游精品线路、精品赛事和示范基地,引导国家体育旅游示范区建设,助力乡村振兴

续表

发布时间	发布机构	政策名称	政策重点摘要
2021.06	国务院	《全民科学素质行动规划纲要（2021—2035年)》	鼓励和支持各行业各部门建立科普教育、研学等基地，提高科普服务能力
2021.06	工业和信息化部、国家发展和改革委员会、教育部、财政部等八部门	《推进工业文化发展实施方案（2021—2025年)》	发挥工业文化研学教育功能，鼓励各地利用工业遗产、老旧厂房等设施培育一批工业文化研学实践基地（营地）
2021.04	文化和旅游部	《"十四五"文化和旅游发展规划》	推出一批具有鲜明非物质文化遗产特色的主题旅游线路、研学旅游产品。开展国家级研学旅行示范基地创建工作，推出一批主题鲜明、课程精良、运行规范的研学旅行示范基地
2020.10	教育部、国家文物局	《关于利用博物馆资源开展中小学教育教学的意见》	提升博物馆研学活动质量。各地教育部门和学校要充分利用各类博物馆资源，组织开展爱国主义、革命传统、中华优秀传统文化、生态文明、国家安全等主题的研学实践教育活动。各地教育部门要会同文物部门加强对博物馆研学活动的统筹管理和监督指导，开发一批立德启智、特色鲜明的博物馆研学精品线路和课程，构建博物馆研学资源网络，发挥实践育人作用
2020.09	教育部等八部门	《关于进一步激发中小学办学活力的若干意见》	强调加强与社会有关方面合作，建立相对稳定的研学实践、劳动教育和科普教育基地，打造中小学生社会实践大课堂，免费或优惠向学生开放，充分发挥各类公共文化设施和科技场馆重要育人作用
2020.09	农业农村部办公厅、教育部办公厅	《关于开展中国农民丰收节农耕文化教育主题活动的通知》	开展民俗文化现场教学、农事劳动体验、乡村考察等农耕文化教育实践活动。建设一批安全适宜的农耕文化主题教育研学基地。规划设计一批中国农民丰收节等农事节庆专题研学教育线路

附录A 我国青少年户外营地行业相关政策文件汇总

续表

发布时间	发布机构	政策名称	政策重点摘要
2019.07	国务院	《健康中国行动（2019—2030年）》	积极引导支持社会力量开展各类儿童青少年体育活动，有针对性地开展各类冬（夏）令营、训练营和体育赛事等，吸引儿童青少年广泛参加体育运动
2019.02	中国旅行社协会	《研学旅行基地（营地）设施与服务规范》	规范和提升研学旅行基地（营地）服务质量，使研学旅行基地（营地）有相对科学、规范的准入条件
2019.03	教育部基础教育司	《教育部基础教育司2019年工作要点》	继续予以资金支持，实施中央专项彩票公益金支持校外教育事业发展项目，加强研学实践教育基地（营地）课程资源和服务平台建设，遴选推广典型线路
2018.02	教育部基础教育司	《教育部基础教育司2018年工作要点》	继续实施中央专项彩票公益金支持校外教育事业发展项目，推进研学实践教育营地和基地建设
2018.01	教育部	《教育部2018年工作要点》	建立健全立德树人系统化落实机制。深化基础教育课程改革，切实发挥育人作用。落实《中小学德育工作指南》。建设中小学德育综合示范区，统筹中小学综合实践活动、劳动教育、心理健康教育、家庭教育、影视教育及研学旅行等。继续实施中央专项彩票公益金支持校外教育事业发展项目，推进研学实践教育营地和基地建设
2017.12	教育部	《教育部办公厅关于公布第一批"全国中小学生研学实践教育基地、营地名单的通知"》	各中小学校要结合当地实际，把研学实践纳入学校教育教学计划，根据教育教学计划灵活安排研学实践时间，一般安排在小学四到六年级、初中一到二年级、高中一到二年级，尽量错开旅游高峰期。各地要建立健全中小学生参加研学实践的评价机制，把中小学组织学生参加研学实践的情况和成效作为学校综合考评体系的重要内容
2017.07	教育部	《教育部办公厅关于开展2017年度中央专项彩票公益金支持中小学生研学实践教育项目推荐工作的通知》	为贯彻教育部等十一部门《关于推进中小学生研学旅行的意见》精神，落实立德树人根本任务，帮助中小学生了解国情、热爱祖国、开阔眼界、增长知识，着力提高中小学生的社会责任感、创新精神和实践能力，"十三五"期间，教育部利用中央专项彩票公益金支持开展中小学生研学实践教育项目，将在各地遴选命名一批"全国中小学生研学实践教育基地"和"全国中小学生研学实践教育营地"，广泛开展中小学生研学实践教育活动

续表

发布时间	发布机构	政策名称	政策重点摘要
2017.08	教育部	《中小学德育工作指南》	强调在研学旅行实施过程中，校外机构应与学校通力协作。强调需把研学旅行纳入学校教育教学计划，并要规范研学旅行组织管理
2016.12	国家旅游局	《研学旅行服务规范》	针对研学旅行实施做出了权威性规范的文件。明确描述了研学旅行的术语和定义，详细规定了服务各环节的具体要求
2016.12	教育部等十一部门	《关于推进中小学研学旅行的意见》	要将研学旅行纳入中小学教育教学计划；加强研学旅行基地建设；各地要规范研学旅行组织管理；对研学旅行工作组织领导、经费保障、安全保障、督查评价、宣传引导等方面提出了明确要求。认证了研学旅行的重要性
2016.05	国家体育总局	《体育发展"十三五"规划》	推广"体育＋"活动，加强青少年体育与文化、科技、旅游、营地教育等领域的融合发展，促进少年儿童全面发展；实施青少年体育活动促进计划，进一步加强青少年体育俱乐部、体育传统校和青少年户外体育活动营地建设。广泛开展丰富多样的青少年公益体育活动和运动项目技能培训，促进青少年养成体育锻炼习惯，掌握一项以上体育运动技能。大力推动青少年校外体育活动场地设施建设
2015.08	国务院	《关于进一步促进旅游投资和消费的若干意见》	强调了支持研学旅行发展，并且首次把研学旅行纳入学生综合素质教育范畴，鼓励社会教育机构向学校、学生提供夏令营、冬令营游学产品
2014.08	教育部	《关于促进旅游业改革发展的若干意见》	首次明确了"研学旅行"要纳入中小学生日常教育范畴
2014.07	教育部	《中小学学生赴境外研学旅行活动指南（试行）》	明确对研学旅行的定义、活动内容等做出了阐释，并且对研学旅行中的行程安排、教育内容等提出了具体的指导意见

续表

发布时间	发布机构	政策名称	政策重点摘要
2014.01	国家体育总局办公厅	《国家体育总局办公厅关于资助建设2014年全国青少年户外体育活动营地的通知》	从资源上予以政策和资金支持,促进营地建设端的发展
2013.02	国务院	《国民旅游休闲纲要（2013—2020年）》	首次提出了研学旅行的概念和设想,研学旅行的学习实践方式得到了政策层面上的肯定和支持
2011.02	国务院	《全民健身计划（2011—2015年）》	积极开展课余体育训练,倡导科学、健康的体育健身和生活理念。办好各级各类体育学校、体育传统项目学校。加强青少年体育俱乐部、青少年校外体育活动中心和营地建设。建立和完善学校、社区、家庭相结合的青少年体育网络和联动机制

附录 B 调查问卷文字版

2023 年全国青少年户外营地开展情况调查（从业人员）

个人基本信息

1. 您的性别 *
   - 男
   - 女

2. 您的年龄 *
   - 18~25 岁
   - 26~33 岁
   - 34 岁以上

3. 您的籍贯 *

   _____

4. 您的户口类型 *
   - 城镇户口
   - 农业户口

5. 您的最高学历 *
   - 硕士研究生
   - 本科
   - 大专
   - 高中及以下
   - 其他

6. 您所学的专业为？*

   _____

营地工作相关信息

7. 您的从业年限 *
   - 1 年以下
   - 1~3 年
   - 3~5 年

附录 B 调查问卷文字版

- 6 年及以上

8. 您从事营地教育的工作性质为？ *
   - 全职
   - 兼职

9. 目前从事的营地工作是否为您的第一份工作？ *

   _____

10. 你是否为大学生刚就业 *

   _____

11. 您在营地的劳动报酬（工资）平均每天为_____？（并说明您的工作板块）*
    例：选 150 元以下（辅导员），300～500 元（营地财务）等
    - 150 元以下
    - 150～300 元
    - 300～500 元
    - 500 元及以上

12. 您对这个劳动报酬是否满意？ *
    - 满意
    - 不满意
    - 能接受

13. 您是否有择业的计划？（请补充原因）*
    - 是
    - 否

14. 您有没有获得与营地相关的职业证书？ *
    - 有
    - 没有

15. 您每年参与相关培训学习的机会？ *
    - 5 次及以上
    - 3～4 次
    - 1～2 次
    - 没有

16. 您所服务的教育机构有没有自己的营地基地？ *
    - 有
    - 没有

17. 您进入该营地工作的渠道来源？（多选）*

- 熟人推荐
- 社交软件
- 自媒体平台
- 中登协官网
- 各大招聘平台
- 其他

18. 您所在的教育机构在开展营地活动前是否会对工作人员进行培训？
    - 是
    - 否

19. 您在营地所负责的工作板块为？ *
    - 行政管理部门
    - 课程教练
    - 课程助理教练
    - 生活导师
    - 课程开发人员
    - 其他

20. 您认为营地在组织活动时面临的困难主要来自哪些方面？（多选）*
    - 课程体系不完整
    - 营员配合度低
    - 招生宣传渠道单一
    - 硬件设施欠缺
    - 场地资源缺乏
    - 后勤保障不足
    - 教练专业知识储备更新不够
    - 公司消息闭塞，很难接触到新的理念和方法
    - 其他

21. 在营地工作中您认为需要提升的基本能力有哪些？（多选）*
    - 沟通引导能力
    - 心理学技巧
    - 预防风险能力
    - 教学技巧
    - 拍照技术
    - 攀岩、岩降等基础户外技能
    - 组织营地活动能力
    - 运营管理能力

- 商务洽谈能力
- 产品研发能力
- 其他

22. 您日常提升从业技能与职业素养的渠道是_____。
    - 中登协
    - 文旅部门
    - 民间组织
    - 营地协会
    - 其他

23. 您是否有意愿再次进行营地方面的专业培训,并取得相应证书?（请说明原因）*

_____

24. 您对即将从事该行业的人有什么意见和建议?

_____

25. 您认为目前青少年户外营地教育发展具有哪些优势?

_____

26. 您认为目前青少年户外营地教育发展具有哪些不足? *

_____

2023全国青少年户外营地开展情况调查
（营地机构）

1. 贵营地名称为？

   _____

2. 贵营地成立时间为？

   _____

3. 贵营地地址位于 省 市（县/区/市）*

   _____

4. 贵公司的营区基地属于什么类型？*
   - 临时租赁场地
   - 长期租赁场地
   - 自有场地

5. 贵营地同期最大承接营地活动的人群容量？*
   - 50~100人
   - 100~200人
   - 200~300人
   - 300人次及以上

6. 贵营地承接营地活动时长的最多类型？*
   - 半天
   - 一天
   - 两天一晚
   - 三天及以上

7. 贵营地运营资金来源？*
   - 自有资金
   - 政府补贴
   - 社会融资
   - 其他

8. 贵营地启动资金投入规模？*
   - 100万元及以下
   - 100万~300万元

- 300万~500万元
- 500万元以上
- 其他

9. 贵营地运营过程中得到外界的哪些支持？*
   - 社会活动支持(如"营动中国"授牌、企业赞助等)
   - 政府基础设施配套扶持(如修建道路、划分土地、修建场地等)
   - 体育部门奖补支持、社会活动支持
   - 文旅部门奖补支持
   - 其他部门支持(如自然资源部、应急救援部等)
   - 其他

10. 贵营地专职教练或工作人员共有多少人，持证教练有多少人？*

   _____

11. 贵营地员工年龄段分布？(多选)
    - 18~26岁
    - 26~34岁
    - 34岁及以上

12. 贵营地专职员工不同学历层次人数排序(人数越多，排序靠前)*(数量越多，排序靠前)

   _____

13. 您所在的营地机构是否有自己的slogan(口号、广告语或统一VI标示)？
    若选"是"请填写口号、广告语或统一VI标示
    - 是
    - 否

14. 您所在营地机构是否有针对员工的人才培养计划？
    - 是
    - 否

15. 贵营地是否承办过学校群体的营地活动？
    - 是
    - 否

16. 贵营地活动参与人群主要年龄段？
    - 7岁及以下
    - 7~15岁
    - 15~18岁
    - 18岁以上

17. 贵公司团体客户承接类型?
    - 公办学校
    - 私立学校
    - 托管机构
    - 素质培训教育机构

18. 贵营地客户合作考虑的因素?
    - 安全风险
    - 课程内容
    - 课程时长
    - 课程地点
    - 活动人数
    - 课程价格
    - 课程质量
    - 师资能力
    - 其他

19. 贵公司参与营地活动的客户需求?
    - 学习知识技能
    - 提高社交能力
    - 休闲娱乐
    - 培养兴趣爱好
    - 其他

20. 贵营地有没有针对不同年龄段营员设计活动内容并严格执行?
    - 有
    - 没有

21. 贵营地的人员配置岗位有?(多选)*
    - 行政管理部门
    - 课程教练
    - 营地辅导员
    - 课程开发人员
    - 其他

22. 贵公司营地师资的主要来源?(多选)*
    - 外聘专业人才
    - 高校相关专业毕业生
    - 自主培养
    - 其他

23. 贵公司的营地活动主要是哪些形式？（多选）*
    - 夏令营
    - 冬令营
    - 周末营
    - 主题活动营
    - 休闲体验活动
    - 班级团建
    - 毕业典礼
    - 百日誓师
    - 趣味运动会（a.教育类 b.素拓类 c.趣味类 d.其他）
    - 其他

24. 贵营地每年市场计划或产品发布计划的周期是？
    - 2个月
    - 3个月
    - 6个月
    - 12个月

25. 贵公司进行宣传的营地活动的渠道是？（多选）*
    - 自媒体平台（如抖音、小红书、微博等）
    - 传统媒体平台（如报纸刊物、纸制宣传稿、电视广告广播等）
    - 第三方机构宣传（营地地推、旅行社等）
    - 社交网络
    - 希望在行业官方平台的宣传展示
    - 其他

26. 贵营地的盈利点主要集中在哪些方面？（多选）
    - 政府政策引导资金
    - 日常产品课程售卖
    - 周边产品售卖
    - 场地出租
    - 培训团建
    - 赛事活动举办
    - 其他

27. 贵营地是否与其他营地或者单位进行合作交流？
    - 有且紧密
    - 部分合作
    - 少量合作

- 没有

28. 现有市场环境中,您认为贵营地的核心竞争力包含哪些方面?
    - IP 品牌
    - 团队师资
    - 配套与硬件
    - 软件与服务标准
    - 以上皆有
    - 其他

29. 贵营地在耗材方面、装备设备维护更新方面的周期是?
    - 3 个月
    - 6 个月
    - 12 个月
    - 18 个月

30. 在数据安全有保障的条件下,您愿意把贵营地主营的产品在行业平台上进行展示与销售吗?
    - 愿意
    - 不愿意

31. 您希望通过行业官方平台对贵营地进行哪些方面的服务支持?
    - 同业/异业资源交流
    - IP 品牌支持或权威背书
    - 在线交易服务
    - 渠道流量资源
    - 国内/国际交流

32. 您觉得我国青少年户外营地在运营中经常遇见的问题是什么?

_____

33. 您对我国青少年户外营地在运营中经常遇见的问题有什么建议?

_____

34. 您公司在营地活动结束后会收集营员或家长的意见反馈吗?原因是什么?

_____

35. 请分享贵营地管理经验及建议。*

_____

附录 B　调查问卷文字版

家长问卷

1. 您的孩子是否参加过营地教育课程？

    A. 是

    B. 否

2. 您所在的城市

    _____

3. 家庭月收入区间？

    A. 5000～10 000 元

    B. 10 000～15 000 元

    C. 15 000～20 000 元

    D. 20 000 元及以上

4. 您的年龄？

    A. 30 岁及以下

    B. 30～40 岁

    C. 40～50 岁

    D. 50 岁以上

5. 您子女所在学段？

    A. 幼儿园或学前班

    B. 小学

    C. 初中

    D. 高中

6. 您的学历？

    A. 高中及以下

    B. 大专

    C. 本科

    D. 硕士及以上

7. 您工作所在单位的性质？

    A. 民营企业

    B. 外资企业

    C. 国营企业

    D. 事业单位

E. 政府机关

　　F. 个体户/自由职业

　　G. 其他

8. 在您家庭中,孩子是否参与青少年户外营地活动由哪位家庭成员决定?

　　A. 孩子的父亲

　　B. 孩子的母亲

　　C. 其他家庭成员

　　D. 孩子与父母共同协商决定

9. 您更偏好下列哪种时长的青少年户外营地活动?

　　A. 1～4d

　　B. 4～7d

　　C. 7～10d

　　D. 10d 及以上

10. 您更偏好下列哪一种类型的青少年户外营地活动?

　　A. 户外运动(登山、徒步、攀岩、溯溪等)

　　B. 自然教育(动植物讲解、环境保护、野外生存等)

　　C. 民族特色(少数民族服饰、节日、习俗等)

　　D. 艺术审美(参观美术馆、绘画、泥塑等)

　　E. 科技实践(参观科技馆、航模、科学小游戏等)

　　F. 其他

11. 您更偏好下列哪一内容主题的青少年户外营地活动?

　　A. 亲子营(亲子共同参与)

　　B. 独立营(仅孩子参与)

　　C. 跟营(家长跟随观看但不参与)

　　D. 其他

12. 您的孩子每年大约参加多少次青少年户外营地活动?

_____

13. 您每年在青少年户外营地活动上的消费总额区间为?

　　A. 500 元以下

　　B. 500～1000 元

　　C. 1000～5000 元

　　D. 5000～10 000 元

　　E. 10 000 元及以上

14. 您从何处得到青少年户外营地活动的相关信息？

    A. 新媒体（微信公众号、小红书、抖音、微博等平台）

    B. 传统媒体（报纸杂志、广播电视等）

    C. 第三方机构（旅行社、教辅机构等）

    D. 熟人介绍

    E. 学校

    F. 其他

15. 您期望孩子通过参加青少年户外营地活动获得下列哪一方面的成长？请您对下列选项中成长内容的重要性进行打分。

    请您在右侧空格中填入数字，对下列成长内容的重要性进行打分（5：非常重要；4：比较重要；3：中立；2：不太重要；1：不重要），若您希望孩子在青少年户外营地活动中获得其他方面的成长，请在"其他"选项一栏打分并填写具体内容，若无，则填"无"即可。

成长内容	重要性
强健体魄	
增长学识	
锻炼意志品质	
提高道德品质	
发展兴趣爱好	
培养交际能力	
培养劳动实践能力	
休闲游憩	
其他	

15. 决定是否让孩子参加青少年户外营地活动时需要考虑诸多因素，您在作出决定时如何看待下列各个因素？请您对下列各因素的重要性进行打分。

请您在右侧空格中填入数字,对下列考虑因素的重要性进行打分(5:非常重要;4:比较重要;3:中立;2:不太重要;1:不重要),若您在决定孩子是否参与青少年户外营地活动时有其他考虑因素,请在"其他"选项一栏打分并填写具体内容,若无,则填"无"即可。

成长内容	重要性
安全保障	
课程价格	
课程内容与质量	
师资能力	
服务态度	
营地设施环境	
营地自然环境	
机构实力	
天气与时间	
交通便利性	
其他	

16. 您是否支持孩子参加青少年户外营地活动？

  A. 支持

  B. 比较支持

  C. 中立

  D. 不太支持

  E. 不支持

17. 您对孩子参加青少年户外营地活动的效果是否认可？

  A. 认可

  B. 比较认可

  C. 中立

  D. 不太认可

  E. 不认可

18. 您对青少年户外营地活动的各个方面有哪些意见与建议？